Maraike Reimer

Einsatz von E-Learning in Unternehmen.

Maraike Reimer

Einsatz von E-Learning in Unternehmen.

Lerntheorien, Instruktionsdesign, Learning Management Systeme im Vergleich.

VDM Verlag Dr. Müller

Impressum/Imprint (nur für Deutschland/ only for Germany)
Bibliografische Information der Deutschen Nationalbibliothek: Die Deutsche Nationalbibliothek
verzeichnet diese Publikation in der Deutschen Nationalbibliografie; detaillierte bibliografische
Daten sind im Internet über http://dnb.d-nb.de abrufbar.
Alle in diesem Buch genannten Marken und Produktnamen unterliegen warenzeichen-, marken-
oder patentrechtlichem Schutz bzw. sind Warenzeichen oder eingetragene Warenzeichen der
jeweiligen Inhaber. Die Wiedergabe von Marken, Produktnamen, Gebrauchsnamen,
Handelsnamen, Warenbezeichnungen u.s.w. in diesem Werk berechtigt auch ohne besondere
Kennzeichnung nicht zu der Annahme, dass solche Namen im Sinne der Warenzeichen- und
Markenschutzgesetzgebung als frei zu betrachten wären und daher von jedermann benutzt
werden dürften.

Coverbild: www.purestockx.com

Verlag: VDM Verlag Dr. Müller Aktiengesellschaft & Co. KG
Dudweiler Landstr. 99, 66123 Saarbrücken, Deutschland
Telefon +49 681 9100-698, Telefax +49 681 9100-988, Email: info@vdm-verlag.de

Herstellung in Deutschland:
Schaltungsdienst Lange o.H.G., Berlin
Books on Demand GmbH, Norderstedt
Reha GmbH, Saarbrücken
Amazon Distribution GmbH, Leipzig
ISBN: 978-3-639-09596-8

Imprint (only for USA, GB)
Bibliographic information published by the Deutsche Nationalbibliothek: The Deutsche
Nationalbibliothek lists this publication in the Deutsche Nationalbibliografie; detailed
bibliographic data are available in the Internet at http://dnb.d-nb.de.
Any brand names and product names mentioned in this book are subject to trademark, brand or
patent protection and are trademarks or registered trademarks of their respective holders. The use
of brand names, product names, common names, trade names, product descriptions etc. even
without a particular marking in this works is in no way to be construed to mean that such names
may be regarded as unrestricted in respect of trademark and brand protection legislation and
could thus be used by anyone.

Cover image: www.purestockx.com

Publisher:
VDM Verlag Dr. Müller Aktiengesellschaft & Co. KG
Dudweiler Landstr. 99, 66123 Saarbrücken, Germany
Phone +49 681 9100-698, Fax +49 681 9100-988, Email: info@vdm-verlag.de

Copyright © 2008 by the author and VDM Verlag Dr. Müller Aktiengesellschaft & Co. KG and
licensors
All rights reserved. Saarbrücken 2008

Printed in the U.S.A.
Printed in the U.K. by (see last page)
ISBN: 978-3-639-09596-8

Danksagung

Ich danke dem Institut für Wissensmedien der Universität Koblenz-Landau, ganz besonders Prof. Dr.-Ing. Stefan Müller und meinem Betreuer, Dipl.-Inform. Marc P. Santos, für die ebenso kompetente wie engagierte Unterstützung.

Zudem danke ich dem Unternehmen Mundipharma, besonders der Leiterin der Abteilung Kommunikation, Birgit Steinhauer, für die Ermöglichung dieser Arbeit. Ich danke meiner Betreuerin, Petra Lahnstein, und allen anderen Kolleginnen und Kollegen für das angenehme Arbeitsklima, die andauernde Hilfsbereitschaft und freundliche Unterstützung.

Der Leiterin der Trainings- und Schulungsabteilung, Dr. Martina Erxleben, und Ihrem Team danke ich für die rege und hilfsbereite Zusammenarbeit.

Darüber hinaus möchte ich meiner Familie danken, die mir mein Studium ermöglichte und mir stets die Kraft gibt, meine Aufgaben zu meistern.

Maraike Reimer

Inhaltsverzeichnis

I Einleitung   1

1 Inhalt der Arbeit   1

II Grundlagen   3

2 Was ist E-Learning?   4
    2.1 Definition 4
    2.2 Stand der Technik 6
        2.2.1 Standards 7
    2.3 Formen von E-Learning 12
        2.3.1 CBT – Computer-Based-Training 12
        2.3.2 WBT – Web-Based-Training 13
        2.3.3 Tele-Learning 13
        2.3.4 Blended Learning 14
        2.3.5 ITS – Intelligent Tutorial Systems 14

3 Lerntheorien   15
    3.1 Behaviorismus 15
    3.2 Kognitivismus 18
    3.3 Konstruktivismus 20

4 Instruktionsdesign   23
    4.1 Definition 23
    4.2 Modelle des ID 23
    4.3 Instructional Systems Design 27
    4.4 Projektmanagement 30
    4.5 Analyse 30
        4.5.1 Problemanalyse 30
        4.5.2 Bedarfsanalyse 31

    4.5.3 Zielgruppenanalyse 31
    4.5.4 Inhaltsanalyse 32
    4.5.5 Ressourcenanalyse 33
    4.5.6 Einsatzkontextanalyse 34
4.6 Design 34
    4.6.1 Didaktische Grundsatzentscheidungen 34
    4.6.2 Gestaltung von Lerninhalten 35

5 E-Learning im Unternehmen   40
5.1 Marktentwicklung 40
5.2 E-Learning-Strategie 42

III Learning Management Systeme   47

6 Was ist ein Learning Management System?   48
6.1 Definition 48
6.2 Anbietermarkt 49

7 LMS im Vergleich   52
7.1 Proprietäre Systeme 52
    7.1.1 CLIX 52
    7.1.2 WebCT 57
7.2 Open Source Systeme 61
    7.2.1 moodle 61
    7.2.2 ILIAS 65
7.3 Übersicht 68

8 Autorenwerkzeuge   70
8.1 Definition 70
8.2 Autorenwerkzeuge im Vergleich 72
    8.2.1 ToolBook 72
    8.2.2 EasyProf 73

IV Prototypische Umsetzung im Unternehmen 75

9 Voraussetzungen 76

10 Planung und Konzeption 77
10.1 Projektmanagement ... 77
10.1.1 Projektrahmen ... 77
10.1.2 Zeitplanung ... 80
10.1.3 Budgetierung ... 80
10.2 Analyse ... 80
10.3 Anforderungen an das LMS ... 84

11 Auswahl des LMS 86

V Bewertung 89

12 Benutzertest 90
12.1 Fragebogen ... 90
12.2 Ergebnisse ... 91

13 Zusammenfassung 96

Literaturverzeichnis 98

Abbildungsverzeichnis 101

Tabellenverzeichnis 102

Anhang 103

A Abkürzungen 103

B Readiness Check 104

C Fragebogen 110

Teil I
Einleitung

1 Inhalt der Arbeit

Thema. Die schockierenden Ergebnisse der PISA-Studie über den Bildungsstand der deutschen Schüler und vor allem das schlechte Abschneiden im internationalen Vergleich sind Anlass dafür, dass ernsthaft über den Zustand des deutschen Bildungssystems nachgedacht werden muss. Aktuelle Studien über die Entwicklung des E-Learning-Marktes in Europa decken interessante Parallelen zwischen E-Learning-Fortschritt und Bildungsstand eines Landes auf. Die im PISA-Vergleich erfolgreichen Länder setzen schon seit langem auf innovative Bildungsmaßnahmen und den Einsatz multimedialer Lernformen. Der Bildungsstand der deutschen Schüler sowie der Erwachsenen kann erhöht werden, indem vermehrt neue Medien und E-Learning-Angebote zum Lernen und Weiterbilden eingesetzt werden. Diese Arbeit hat daher E-Learning als zukunftsträchtige Methode für die Erwachsenenweiterbildung zum Thema. Hierfür wird in einem mittelständischen Unternehmen, das seine Innen- und Außendienstmitarbeiter künftig auch online fortbilden möchte, E-Learning als Lernmethode prototypisch umgesetzt. Das Ziel dieser Arbeit ist es, eine für das Unternehmen geeignete E-Learning-Umgebung zu wählen und zu installieren. Dafür werden zunächst verschiedene Learning Management Systeme (LMS) untersucht und bewertet, um schließlich ein den Anforderungen der Firma entsprechendes LMS zu finden.

Die E-Learning-Umgebung soll im ersten Schritt dazu dienen, die Außendienstmitarbeiter über neue Produkte zu informieren und zu schulen.

Aufbau. Die Arbeit ist in fünf Kapitel unterteilt: die Einleitung, die Grundlagen, Learning Management Systeme, die prototypische Umsetzung im Unternehmen Mundipharma[1] und die Bewertung.

Im Kapitel II werden die theoretischen Grundlagen von E-Learning ausführlich erläutert. Dazu gehören der Begriff E-Learning, der Stand der Technik und die heutigen Standards. Außerdem werden in diesem Kapitel die wichtigsten Lerntheorien beschrieben, die die Grundlage für alle E-Learning-Systeme bilden. Das Instruktionsdesign liefert eine Anleitung für die Planung und Entwicklung von multimedialen Lernumgebungen. Abschließend liefert das Kapitel eine Beschreibung und eine Entwicklungsprognose von E-Learning als Fortbildungsmaßnahme in deutschen Unternehmen.

Im Kapitel III werden verschiedene kommerzielle und kostenfreie Learning Management Systeme beschrieben und bewertet. Zusätzlich werden zwei Autorensysteme vorgestellt.

Das Kapitel IV beschäftigt sich mit der prototypischen Umsetzung bei Mundipharma - von der Planung bis zur Fertigstellung. Hierfür werden die erarbeiteten theoretischen Grundlagen verwendet. Aufgrund der Bewertungen und einer Anforderungsanalyse des Unternehmens Mundipharma wird ein geeignetes Learning Management System ausgewählt.

Im letzten Kapitel V wird eine Bewertung des ausgewählten Learning Management Systems mittels eines Benutzertests durchgeführt. Abschließend wird eine Zusammenfassung dieser Arbeit und ihrer Ergebnisse gegeben.

---

[1] Mundipharma Vertriebsgesellschaft mbH & Co. KG, Limburg, Deutschland (im Weiteren Mundipharma genannt)

Teil II
Grundlagen

Teil II der Arbeit beschäftigt sich mit den Grundlagen des E-Learning. Im Kapitel 2 werden der Begriff E-Learning erklärt und die Frage nach den Einsatzgründen von E-Learning kurz erläutert. Im Weiteren werden der Stand der Technik, die Entwicklungsgeschichte, die Standards und die verschiedenen Formen des E-Learning beschrieben.

Im Kapitel 3 werden die drei wichtigsten Lerntheorien Behaviorismus, Kognitivismus und Konstruktivismus, die die Basis für Lernen mit neuen Medien bilden, ausführlich erläutert.

Das Kapitel 4 behandelt das Instruktionsdesign und die verschiedenen Modelle. Besonders intensiv wird hierbei auf die Teilaspekte Projektmanagement, Analyse und Design eingegangen.

Das Kapitel 5 beschäftigt sich mit E-Learning in Unternehmen. Es erfolgt ein kurzer Abriss über die derzeitige Marktsituation. Außerdem werden der Begriff der E-Learning-Strategie eingeführt und Aufgaben und Anforderungen einer solchen Strategie beschrieben.

2 Was ist E-Learning?

2.1 Definition

"E-business... e-commerce... why not e-learning?" [Rosenberg, 2001]
Das voranstehende Zitat von Marc J. Rosenberg beschreibt zutreffend, dass die zu der Familie der E-Begriffe gehörenden Wörter gerade in den letzten Jahren zahlreich aufgetreten und eine Menge modischer Neuschöpfungen entstanden sind. Neben den genannten Begriffen E-Business und E-Commerce sind auch E-Shopping, E-Banking, E-Publishing und viele weitere Begriffe entstanden, die sich unterschiedlich stark etabliert haben. Das Wort E-Mail zum Beispiel ist aus unserem heutigen Sprachgebrauch wohl kaum noch wegzudenken. Unser digitales Zeitalter fördert solche Begrifflichkeiten und ermöglicht den Einsatz von Technologien in unterschiedlichen Bereichen.
Im Folgenden soll es um den Begriff E-Learning gehen, der in der heutigen Literatur leider nicht einheitlich definiert ist, aber im schulischen und universitären Lernen sowie in Bereichen der Erwachsenen-Fort- und Weiterbildung immer mehr an Bedeutung gewinnt. Ursprünglich bezog sich der Begriff auf elektronische Informationsverarbeitung und Kommunikation, beschränkt sich allerdings heute im Laufe der starken Verbreitung des Internets hauptsächlich auf Internet- und Intranetanwendungen. [Back et al., 2001]

E-Learning heißt wörtlich übersetzt elektronisches Lernen und deutet damit bereits auf eine weit gefasste Definition hin:

> „E-Learning kann begriffen werden als Lernen, das mit Informations- und Kommunikationstechnologien (Basis- und Lerntechnologien) respektive mit darauf aufbauenden E-Learning-Systemen unterstützt bzw. ermöglicht wird.
> Der Begriff E-Learning ist aber keineswegs auf diese Ebenen beschränkt, sondern vermag ebenso auf ganz unterschiedliche Aspekte und Phänomene auf der Prozess- und Strategieebene sowie auf der Ebene des Managements der Veränderung abzuzielen." [Back et al.,2001]

Der Begriff E-Learning umfasst Training, Bildung, Lernen, Information und Kommunikation und etabliert sich mehr und mehr als Oberbegriff für verschiedenste informations- und kommunikationsbasierte Formen des Lernens: computer-based-training, web-based-training, online learning, blended learning, distance learning etc. Die genannten Formen des E-Learning werden in Kapitel 2.3 näher erläutert.

Warum E-Learning? E-Learning gewinnt sowohl in Schulen und Universitäten sowie in großen Unternehmen an Bedeutung. Der klassische Präsenzunterricht oder das Seminar gelten nicht mehr als die einzige Möglichkeit, um Wissen zu vermitteln. Das zukünftige Lernen wird zunehmend von den neuen Medien beeinflusst. Der „traditionelle Klassenraum" sollte nicht völlig verdrängt werden, denn die persönliche Atmosphäre bleibt unverzichtbar, aber es ist notwendig, nach sinnvollen Einsatzmöglichkeiten für mediengestützte Lernumgebungen zu suchen und die Vorteile entsprechend auszunutzen. Die Chancen und Möglichkeiten von Unternehmen beim Einsatz von E-Learning sind umfangreich, daher setzen bereits mehr als 90% der deutschen Großunternehmen E-Learning in der Weiterbildung ihrer Mitarbeiter ein - bisher wird hauptsächlich im Bereich Information Technology geschult. Steigende Mitarbeiterzahlen, steigender Ausbildungsbedarf, steigende Kosten- und Qualitätsansprüche, erhöhter Informations- und Wissensbedarf und geringere Halbwertzeiten des Wissens stellen die Unternehmen vor neue Herausforderungen, die durch mediengestütztes und netzbasiertes Lernen gelöst werden können. Enorme Zeit- und Kostenersparnisse sind zusätzliche Gründe, wieso E-Learning - zum Beispiel web-based- oder computer-based-Trainings - zum Einsatz kommen. Die zahlreichen Vorteile von E-Learning liegen auf der Hand: der Lernprozess wird individualisiert und beschleunigt, es werden Reise- und Seminarkosten gespart, E-Learning-Systeme sind flexibel, bedarfsorientiert und benutzerfreundlich, dem Mitarbeiter wird mehr Selbstverantwortung übertragen. Allerdings müssen sich Universitäten und Unternehmen auch der Risiken bewusst sein, die computergestütztes Lernen mit sich bringt. Im Vordergrund sollte der Gedanke stehen, dass es nicht um die Lösung technischer Probleme, sondern um menschliche Lern- und Verstehensprozesse geht. Die Lernplattformen müssen benutzerfreundlich gestaltet sein, damit die Lernenden nicht die Motivation und das Interesse am Inhalt verlieren. Die richtige Anleitung zum Umgang mit den Lernumgebungen ist entscheidend, damit sich die Lernenden orientieren können und sich durch das Angebot nicht erschlagen und vom Umfang nicht überfordert fühlen. E-Learning richtig und professionell eingesetzt kann enorme Verbesserungen im Lernprozess schaffen. Es gilt allerdings zu beachten, dass E-Learning traditionelles Training nicht ersetzen, sondern lediglich ergänzen soll. [digital spirit, 2003]

2.2 Stand der Technik

Entwicklungsgeschichte. Der Begriff E-Learning ist im weitesten Sinne mit dem Konzept des computer- bzw. maschinengestützten Lernens verknüpft und findet seine Wurzeln bereits im 16. Jahrhundert. Als erster Ansatz für maschinelles Lernen gilt das Leserad von Agostino Ramelli von 1588. Der Benutzer kann sich mehrere Bücher unmittelbar hintereinander anschauen, ohne von einem Regal zum nächsten gehen zu müssen. Bei dieser Erfindung handelt es sich jedoch wohl eher um den Vorläufer der Hypertext-Idee.

Halycon Skinner dagegen hat im Jahr 1866 die erste patentierte Lernmaschine entwickelt, bei der die Bezeichnung eines gezeigten Bildes über die integrierte Schreibmaschinentastatur einzugeben war. In den nächsten Jahren folgten ähnliche Buchstabier- oder Übungsmaschinen, die Grundlage für B.F. Skinners „Programmiertes Lernen" waren. [Niegemann, 2004]

Das „Programmierte Lernen" - ausführlich in Kapitel 3.1 beschrieben - bildet den Vorreiter für das computergestützte Lernen im heutigen Sinne. In den 30er Jahren entwickelte B.F. Skinner Lehrmaschinen, die den Schülern den Lehrstoff in kleinen Einheiten präsentierte und nach dem Frage-Antwort-Prinzip funktionierte. Anfang der 70er Jahre prüfte die National Science Foundation die Effektivität computergestützter Instruktion mit zwei Projekten: TICCIT und PLATO [Niegemann, 2004]. In beiden Projekten wurden den Teilnehmern Lernstationen zur Verfügung gestellt, um sich Wissen anzueignen. Trotz der unterschiedlichen Akzeptanz der Projekte führte die Studie zu der Erkenntnis, dass computergestützter Unterricht durchaus sinnvoll für den Lernfortschritt sein kann.

Zur gleichen Zeit gab es auch ähnliche Ansätze in Deutschland: Eine Vielzahl von Modellprojekten zum computergestützten Unterricht wurde entwickelt und getestet. Zunächst entstanden Lernautomaten wie der Robbimat, die ausschließlich für das Lernen in Gruppen konzipiert waren. Es gab daher keine Möglichkeit zur Individualisierung des Lernprozesses. Bei der Lernmaschine GeromatIII handelt es sich bereits um ein rechnergestütztes System, das zwar ebenfalls für eine Gruppe von Schülern entwickelt wurde, dem Lehrer aber dennoch ermöglichte, die Ergebnisse jedes einzelnen Lernenden auszuwerten. Dies individualisierte den Lernprozess im Vergleich zum Lernen mit dem Robbimat erheblich. Im Weiteren entstanden Modellversuche, die Lernen beispielsweise mit Simulationen unterstützen sollten. Die Versuchsergebnisse waren auch hier sehr unterschiedlich. Einige Übungsprogramme ermöglichten das schnellere Lernen als im

herkömmlichen Unterricht, bei anderen konnten diesbezüglich keine Unterschiede festgestellt werden.
Mitte der 80er Jahre veränderte sich in Deutschland der Schwerpunkt beim Einsatz computergestützter Lehr-/Lernsysteme. Nicht mehr nur Schulen oder Hochschulen interessierten sich für Lernprogramme, zunehmend wurde computergestütztes Lernen auch in Großunternehmen für die betriebliche Weiterbildung von Mitarbeitern genutzt.

Status Quo. Der Begriff E-Learning wird als Lernen durch Unterstützung von Informations- und Kommunikationstechnologien verstanden. Er hat sich Mitte bis Ende der 90er Jahre entwickelt und wurde durch die starke Verbreitung des Internets enorm gefördert. E-Learning hat sich als Lernhilfe fest etabliert und entwickelt sich stetig weiter: Es geht heute nicht mehr darum zu ermitteln, ob computerunterstütztes Lernen überhaupt Sinn macht, sondern wie es am besten einzusetzen ist, um den größtmöglichen Lernerfolg zu erzielen [Wache, 2003]. Mit dem Begriff E-Learning haben sich auch einige wichtige Standardisierungen durchgesetzt, die die Qualität eines Lernsystems ausmachen.

2.2.1 Standards

Im Verlauf dieses Kapitels werden E-Learning-Standards untersucht und beschrieben. Die Standardisierung bildet eine wichtige Beurteilungsgrundlage für E-Learning-Systeme und hat den heutigen Begriff E-Learning stark beeinflusst. Die Standards beziehen sich auf technische und inhaltliche, aber zunehmend auch auf didaktische Aspekte bei der Gestaltung und Umsetzung mediengestützter Lernumgebungen. Gerade im Hinblick auf den ansteigenden Anbietermarkt im Bereich der E-Learning-Systeme müssen gewisse Standards eingehalten werden, damit Kriterien wie Qualität, Einheitlichkeit, Interoperabilität und Integrierbarkeit gegeben sind.
Die Standards berücksichtigen die Sichtweisen und Wünsche der Anwender von Lernumgebungen. Sowohl Lernende als auch Lehrer haben bestimmte Erwartungen an solche Systeme, die mit internationalen Standards genormt und festgelegt werden sollen. Lernende wünschen sich ein System, das ihren Lernstatus und -fortschritt aufzeichnet und somit jederzeit abrufbar macht. Kurse innerhalb des Lernsystems sollten Wissen beim Lernenden aufbauen und später abprüfen. Eine Bestätigung der erfolgreichen

Kursteilnahme wäre mit der Ausstellung von Zertifikaten möglich. Die Benutzerführung muss denkbar einfach und einheitlich sein. Die unterschiedlichen E-Learning-Systeme sollten sich diesbezüglich nicht grundlegend voneinander unterscheiden. Aus Sicht der Lehrenden und Autoren von E-Learning- Angeboten ist die Tatsache ganz entscheidend, dass kein technisches Detailwissen notwendig sein muss, um solche Kurse zu konzipieren und den Lernenden anzubieten. Außerdem sollte die Möglichkeit geboten werden, dass erstellte Kurse optimal erweitert und systemübergreifend kombinierbar sind.

In den vergangenen Jahren haben sich in der ganzen Welt - speziell in den USA und Europa - einige Standardisierungskonsortien gegründet, die solche Standards für Lernplattformen, Autorensysteme und Web-Based-Trainings definieren.

Zu den wichtigsten Standardisierungsinstitutionen zählen [Bachmann et al., 2002]:
- **AICC** - Aviation Industry Computer Based Training Commitee
- **ADL** - Advanced Distributed Learning Initiative
- **ARIADNE** - Alliance of Remote Instructional Authoring and Distribution Networks for Europe
- **EML** - Educational Modelling Language
- **IEEE LTSC** - Learning Technology Standards Commitee des IEEE
- **IMS** - Instructional Management Systems Project
- **SCORM** - Shareable Content Object Reference Model

Zwischen den genannten Konsortien besteht eine enge Zusammenarbeit. Einerseits, um Arbeitsergebnisse auszutauschen und somit qualitativ hochwertigere Standards zu ermitteln, andererseits, weil die IEEE das alleinige Recht hat, Spezifikationen für Standards beim American National Standards Institute (ANSI) einzureichen. In Abbildung 1 wird die verzweigte Zusammenarbeit der einzelnen Institutionen deutlich.

AICC ist der älteste E-Learning-Standard. Das Commitee setzt sich aus Computer-Based-Training-Herstellern und -Spezialisten zusammen und liefert der IEEE Spezifikationen für Computer Managed Instruction Systems (CMI), also eine Struktur für das Lernprodukt mit Blick auf vordefinierte Lernziele. Der CMI-Standard beinhaltet Informationen für die system-, plattform- und anwendungsunabhängige Integration von Lerninhalten in Learning Management Systeme. Die ADL-Initiative bietet mit SCORM ein Referenzmodell für die Standardisierung von Lerninhalten und liefert Ideen für die CMI- und Learning Object Metadata(LOM)-Spezifikationen.

Die Projekte IMS und ARIADNE beschäftigen sich mit den Spezifikationen für Learning Object Metadata: Lerninhalte werden mittels des LOM-Datenschemas auf Metaebene beschrieben, damit die Speicherung, Identifizierung und Verwaltung von Inhalten effektiver ablaufen kann. Die LOM-Spezifikationen sind bereits in den meisten Lernplattformen implementiert. Durch die fehlende didaktische Komponente werden jedoch weiterführende Standards notwendig.

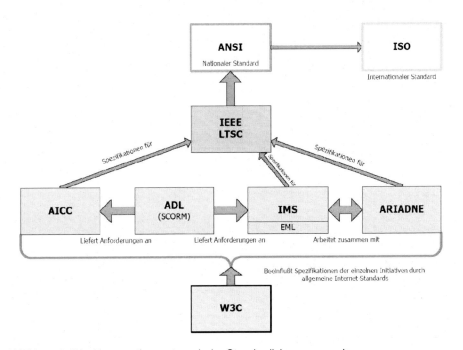

Abbildung 1: Das Kooperationsnetzwerk der Standardisierungsgremien [Bachmann et al., 2002]

Das IMS-Projekt beschäftigt sich zusätzlich mit didaktischen Konzepten und liefert die vollständige Planung und Beschreibung von Lernprozessen. Grundlage für die Spezifikationen der IMS ist die von der Open University of the Netherlands (OUNL) entwickelte Educational Modelling Language (EML). EML beinhaltet didaktische, technische und inhaltliche Aspekte und ist daher wesentlich komplexer als die bisher vorgestellten Lerntechnologie-Standards. Lehr- und Lerntheorien, Interaktionen in bestimmten Lernsituationen, Charakteristika von Wissensbereichen und die Gestaltung der Lerneinheiten sind die Hauptbestandteile des EML-Modells. [Niegemann, 2004] Zurzeit finden sich alle beschriebenen Standards in Systemen implementiert und ergänzen sich gegenseitig.

Die IEEE-LTSC-Gruppe beschäftigt sich aber nicht nur mit technischen und inhaltlichen Komponenten der Standardisierung. Die Benutzerorientierung wird zunehmend in den Mittelpunkt des Interesses rücken und eine Personalisierung von Lernumgebungen fordern. Die PAPI-Spezifikation dient der Standardisierung von Informationen zur Individualisierung von Lernplattformen mit den vier Kernaspekten: persönliche Informationen, Präferenz-Informationen, leistungsbezogene sowie Portfolio-Informationen. Über die Qualität und den Erfolg einer Lernumgebung werden daher nicht nur technologische Standards, sondern auch die verschiedenen Aspekte der Benutzerorientierung entscheiden. [Niegemann, 2004, Bachmann et al., 2002]

QTI-Standard. An dieser Stelle muss auch der für Quiz aktuelle Standard Question & Test Interoperability (QTI) angesprochen werden. QTI ist ein vom IMS Global Learning Consortium spezifiziertes standardisiertes Datenformat zur Beschreibung von fragenbasierten Inhalten. Der Standard ermöglicht die systemübergreifende Verwendung der Inhalte über verschiedene Lernplattformen.

Der QTI-Standard bietet ein Datenmodell, das systemunabhängig Prüfungsmaterialien bereitstellt und sich systemübergreifend nutzen lässt. Mit QTI lassen sich Multiple-Choice-Tests, Eingabe-Lückentexte, Auswahl-Lückentexte, Zuordnungen und grafische Fragen realisieren.

QTI verwendet XML zur Beschreibung des Datenmodells und definiert zahlreiche Elemente zur Beschreibung der Klasse items, die einen Fragentyp des QTI-Quiz enthält (vgl. Abbildung 2). Die Klasse besitzt Attribute wie identifier, label oder title und enthält wiederum Klassen. Die Klasse presentation beinhaltet die Fragen, die Antworten und die Bilder eines Quiz. Die Klasse resprocessing bildet den Prozess der Bewertung von Ergebnissen ab. Die Klasse itemfeedback enthält das Benutzerfeedback auf die einzelnen Antworten. Mittels dieser und anderer Klassen lässt sich eine komplette XML-Datei erstellen, die einen Quiz im QTI-Format abbildet. Die Meta-Daten zur Beschreibung der Lernobjekte werden mit dem LOM-Standard umgesetzt. Lernmaterialien können mit Titel, Format, Copyright, Sprache und Schlüsselwörtern näher beschrieben werden.

Der Standard QTI ist sehr komplex, bietet zahlreiche Möglichkeiten für interoperable Systeme und wird daher bereits in den meisten großen E-Learning-Plattformen eingesetzt. Der im Funktionsumfang eingeschränkte Standard QTILite eignet sich vor allem für kleinere E-Learning-Anwendungen. [IMS QTI, 2002, QTI, 2005]

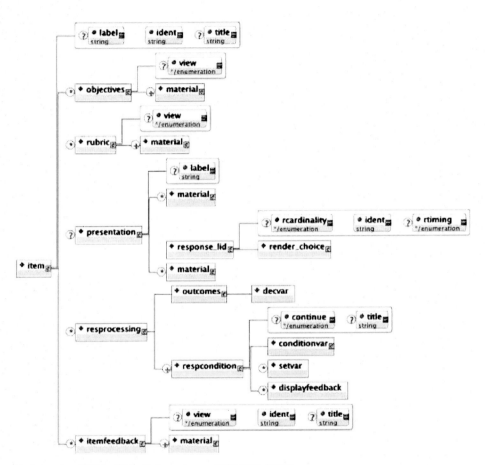

Abbildung 2: QTILite XML-Schemabaum [IMS QTI, 2002]

2.3 Formen von E-Learning

Der Begriff E-Learning wurde am Anfang dieses Kapitels ausführlich erläutert. Er umfasst verschiedene Formen des computer- bzw. mediengestützten Lernens, die im Folgenden exemplarisch beschrieben werden. Die alternativen E-Learning-Formen unterscheiden sich beispielsweise dadurch, dass E-Learning verteilt oder lokal sein kann. Das Lernmaterial befindet sich auf einer CD-Rom oder ist auf verschiedene Medien aufgeteilt. E-Learning-Systeme können statisch sein, also in Form von Text-Dokumenten vorliegen, oder dynamisch, wenn dem Benutzer Interaktionen mit dem System zum Beispiel durch einen animierten Agenten ermöglicht werden. E-Learning kann zur synchronen Kommunikation mittels Chats oder zur asynchronen Kommunikation mittels Diskussionsforen verwendet werden. Ein weiterer Aspekt von E-Learning besteht darin, dass es von einer Person individuell oder von vielen Teilnehmern kollaborativ genutzt werden kann. Die nachfolgenden E-Learning-Formen enthalten die aufgezählten Unterschiede. [Wikipedia, 2006]

2.3.1 CBT – Computer-Based-Training

Mit Computer-Based-Traning (CBT) sind Lernsysteme gemeint, die auf Computer- bzw. Multimedia-Technologien basieren. Dem Benutzer wird eine Lernsoftware auf einem Datenträger zur Verfügung gestellt, die dann lokal installiert werden muss. Der Lernende hat mit CBTs die Möglichkeit, individuell, selbständig, zeitlich und räumlich unabhängig zu lernen.
Der Computer bzw. die Lernsoftware ersetzt die Lehrperson vollständig, wobei natürlich auch Kombinationen aus Computer-Based-Training und herkömmlichem Präsenzunterricht vorstellbar sind. CBT-Software ist meistens multimedial und bietet dem Benutzer durch Hypertexte, Simulationen, Animationen und Übungen die Möglichkeit, sich den Lernstoff anschaulich und abwechslungsreich anzueignen.
Im Gegensatz zum Web-Based-Training hat der Lernende nicht die Möglichkeit, mit dem System zu interagieren oder mit anderen Lernenden in Kontakt zu treten, der Lernprozess findet isoliert statt.

2.3.2 WBT – Web-Based-Training

Web-Based-Training (WBT) hat sich aus dem Computer-Based-Training (CBT) entwickelt. WBTs sind Lernprogramme, die auf Internet- bzw. Web- Technologien basieren. Sie sind also nicht wie beim Computer-Based-Training lokal auf dem Rechner des Benutzers gespeichert, sondern jederzeit online über das Internet verfügbar. WBTs haben gegenüber CBTs den Vorteil, dass Inhalte sehr schnell aktualisiert werden können. Durch die zusätzlichen netzbedingten Möglichkeiten zur Kommunikation und Interaktion zwischen Lernendem und Lehrer - über Diskussionsforen oder Chat - bekommt der Benutzer eine direkte Rückmeldung über das System. Ein wichtiger Aspekt ist die weltweite Verfügbarkeit des Lerninhaltes, der schnell und effektiv an viele Benutzer verteilt werden kann.

2.3.3 Tele-Learning

Das Tele-Learning ist eine Erweiterung des traditionellen Fernunterrichts, um die fehlende Kommunikation zwischen Lernendem und Lehrer auszugleichen. Beim klassischen Fernunterricht werden Lernmaterialien ausgetauscht, Lehrer und Schüler sind räumlich voneinander getrennt und haben kaum Möglichkeit zur Interaktion. Das Tele-Learning bietet dem Lernenden eine neue Lernsituation, in der er sich mittels kommunikativer Medien mit der Lehrperson sozial austauschen kann.
Auch beim Tele-Learning stehen die Individualität und Selbstbestimmung des Lernprozesses im Vordergrund. Das Tele-Learning lässt sich nochmals unterteilen in das Open Distance Learning, bei dem Lernmaterialien online nach eigenem zeitlichen Ermessen bearbeitet werden können, das Tele-Tutoring, bei dem der Lernende von einem Tutor individuell über das Netz betreut wird, und schließlich das Tele-Teaching, bei dem die Lehrer zum Beispiel über einen Videostream direkt mit den Lernenden verbunden sind.

2.3.4 Blended Learning

Das Blended Learning stellt eine Kombination zwischen klassischem Präsenztraining und Web-Based-Training dar. Trotz der überzeugenden Vorteile von E-Learning sind der menschliche Erfahrungsaustausch und die soziale Interaktion zwischen den Lernenden für den Erfolg des Lernprozesses von entscheidender Bedeutung. Blended Learning bietet daher die Vorteile von traditionellem Lernen und E-Learning. Es werden einfach beide Formen miteinander verbunden, so werden zum Beispiel Animationen in Seminaren eingesetzt oder Web-Based-Trainings zur Auffrischung und Unterstützung des im Präsenzseminar gelehrten Inhaltes angeboten.

Viele deutsche Unternehmen nutzen mittlerweile die sinnvolle Kombination des online und klassischen Lernens.

2.3.5 ITS – Intelligent Tutorial Systems

Ein Intelligent Tutorial System (ITS) ist im Gegensatz zu den bereits vorgestellten Formen von E-Learning-Systemen ganz besonders auf die Individualität des Lernprozesses ausgerichtet.

Das ITS wurde 1973 von D. Sleeman und J. Hartley eingeführt und besteht aus 3 Komponenten: Es verfügt über ein gewisses Repertoire an Wissen, kennt den Lernenden und dessen Wissensstand und beherrscht Strategien zur Wissensvermittlung [Hartley et al., 1973]. Ein ITS ist in der Lage, sich an den Leistungen und an dem Wissensstand des Anwenders zu orientieren und somit den Lernprozess individuell zu gestalten.

3 Lerntheorien

Die drei wichtigsten Lerntheorien sind der Behaviorismus, der Kognitivismus und der Konstruktivismus. Für die Gestaltung und Entwicklung von Lernsoftware bzw. E-Learning-Systemen stellen diese Lerntheorien die Grundlage und damit einen wichtigen Faktor im Entstehungsprozess dar.
Ab der Mitte des 20. Jahrhunderts lässt sich die Geschichte des E-Learning in drei Phasen einteilen, die sich durch die unterschiedlichen lerntheoretischen Ansätze ergaben. Die erste Phase fand in den 50ern bis zur Mitte der 70er Jahre statt und wurde hauptsächlich durch den Behaviorismus beeinflusst. In dieser Zeit wurden erste Rechenmaschinen zu Lernzwecken eingesetzt. In der zweiten Phase der Entwicklung des E-Learning nimmt der Kognitivismus als Lerntheorie die Stelle des Behaviorismus ein. Lernkonzepte werden bis in die frühen 80er Jahre vermehrt kognitivistisch beeinflusst. In der dritten und bis heute anhaltenden Phase der Entwicklung trat zusätzlich zu den kognitivistischen Ansätzen der Konstruktivismus in Erscheinung.
Im Folgenden werden die Lerntheorien eingehend beschrieben. [Kerres, 2001, digital spirit, 2003, Wikipedia, 2006]

3.1 Behaviorismus

Als Vorläufer des klassischen Behaviorismus gelten die Experimente des russischen Mediziners Iwan Pawlow zur Konditionierung von Verhalten. Mit seiner Entdeckung des Prinzips der klassischen Konditionierung hat er die Grundlage aller späteren Lerntheorien geschaffen. Ein sehr bekanntes Beispiel ist der Pawlow'sche Hund, bei dem die Speichelsekretion nicht erst beim Fressvorgang beginnt, sondern bereits beim Anblick der Nahrung oder in Verbindung mit einem akustischen Signal. Einem Hund wird das Futter mit einem Glockenton angekündigt. Nach häufigem gemeinsamen Auftreten von Glockenton und Futter wird der vorher neutrale Reiz des Glockentons zu einem konditionierten Reiz, der alleine fast dieselbe Reaktion auslösen kann wie der unkonditionierte Reiz des Futters, mit dem er gekoppelt wurde. Aus der unkonditionierten Reaktion des Speichelflusses auf das Futter wurde eine konditionierte Reaktion auf den Glockenton.

Als Begründer des klassischen Behaviorismus gilt John B. Watson, der das Konzept der Reiz-Reaktions-Steuerung von Verhalten und das Pawlow'sche Prinzip des klassischen Konditionierens von der Tierpsychologie auf die Psychologie des Menschen übertrug. Das Prinzip des Reiz-Reaktions- Schemas - auch Konditionierung genannt - besagt, dass auf einen bestimmten Reiz beim Organismus immer eine bestimmte Reaktion folgt. Diese Reaktion kann am besten zum konditionierten Reflex werden, wenn der neutrale und der unkonditionierte Reiz möglichst in kurzem Abstand aufeinander folgen. Aus dem Unvermögen der klassischen Konditionierung das Auftreten neuer Verhaltensweisen zu begründen, hat sich die operante Konditionierung entwickelt. Der Begründer des radikalen Behaviorismus, der Erfinder der operanten Konditionierung und des programmierten Lernens war B.F. Skinner. Im radikalen Behaviorismus wird Verhalten nicht durch Vorgänge im Innern der Person oder durch auslösende Reize gesteuert, sondern durch die Konsequenzen, die auf das gezeigte Verhalten folgen. Skinner untersuchte keine Verhaltensweisen, die wie die Reflexe nach dem starren Reiz-Reaktions-Schema abliefen, sondern die durch die auf eine Reaktion folgenden Konsequenzen beeinflusst wurden. Die von Skinner bezeichneten Konsequenzen, die auf jedes Verhalten folgen, können die Auftrittswahrscheinlichkeit des Verhaltens positiv oder negativ verstärken. Ein solcher positiver Verstärker könnte im Beispiel des Pawlow'schen Hundes die Futterbelohnung oder bei Personen die Belohnung generell darstellen. Wird das Individuum für eine Verhaltensweise belohnt bzw. bekräftigt, so wird dieses Verhalten vom Individuum häufiger angewandt. Bei einer negativen Konsequenz, also einer Bestrafung, wird die Person das Verhalten zunächst einstellen. Eine interessante Beobachtung ist jedoch die Tatsache, dass die Verhaltensweise, auf die die Bestrafung folgte, nicht völlig aus dem Verhaltensrepertoire dieser Person verschwunden ist, sondern nach einiger Zeit wieder auftreten wird - als ob die negative Konsequenz auf das früher gezeigte Verhalten vergessen worden ist. Der Begriff der operanten Konditionierung wurde von Skinner im Zusammenhang mit dem radikalen Behaviorismus geprägt. Im Gegensatz zur klassischen Konditionierung ist Lernen nicht der konditionierte Reflex auf einen Reiz, sondern Lernen geschieht durch die Belohnung, die auf einen Reiz folgt. Einen wichtigen Aspekt bei der positiven Verstärkung von Verhalten stellt die zeitliche Komponente dar. Damit die Bekräftigung wirklich effektiv ist, sollte sie möglichst unmittelbar auf ein positives Verhalten der Person folgen. Allerdings darf die Bekräftigungsrate auch nicht zu hoch sein, da sich die Person ansonsten an ständiges Lob gewöhnt und bei ausbleibender Verstärkung nicht mehr lernen kann.

Wie werden diese behavioristischen Annahmen nun in der Entwicklung von computergestütztem Lernen verwendet? Die Nutzung von behavioristischen Lerntheorien für das Lernen mit Medien wird als „Programmiertes Lernen" bezeichnet. Der Begriff des „Programmierten Lernens" geht auf Skinner zurück und nutzt die Annahme, dass Lernen durch Konsequenzen funktioniert. Beim „Programmierten Lernen" erarbeitet sich eine Person ein Thema völlig alleine - nur mit Hilfe eines Mediums. Der Lernstoff wird dem Lernenden in kleinen Einheiten präsentiert und nach jeder Lerneinheit findet eine Lern- bzw. Erfolgskontrolle statt. Ein Vorteil besteht darin, dass unmittelbares Feedback erfolgt. Außerdem ist der Computer in der Lage, jeden einzelnen Lernenden für seine Leistung zu bekräftigen. Die Maschine ist emotional indifferent, der Lernende hat keine Angst, sich zum Beispiel vor der Klasse oder einer größeren Gruppe zu blamieren. Der Lernende kann sein eigenes Lerntempo bestimmen. Allerdings hat das „Programmierte Lernen" auch Nachteile. Der Lernstoff ist zwar klar definiert, aber dem Lernenden bleiben wenig Freiheiten und eigener Spielraum. Das Lernen geschieht hier eher passiv und mechanisch, was zur Folge hat, dass der Transfer des erlernten Wissens in die Praxis möglicherweise erschwert wird. An dem Modell orientieren sich auch heute noch zahlreiche computergestützte Lernanwendungen. Sinnvoll sind solche „Drill-and-Practise"-Programme, wenn zum Beispiel mittels eines Vokabeltrainers Faktenwissen geübt oder die Fähigkeit des 10-Finger-Schreibens trainiert werden soll.

Trotz der Anwendungen des Konzepts des „Programmierten Lernens" in der Praxis stellt sich die kritische Frage, an welcher Stelle die nach behavioristischen Theorien für das Lernen notwendige Verstärkung auftritt.
Welches Verhalten wird bei der Anwendung von Lernprogrammen eigentlich verstärkt? Stellt die für den Lernprozess notwendige Belohnung auf eine richtige Antwort hier die nächste Lerneinheit dar? Michael Kerres – ein Professor für Mediendidaktik - fragt, ob sich die Aneignung von Wissen überhaupt verstärken lässt. Beim „Programmierten Lernen" wird jede Information mit einem Frage-Antwort-Schema abgeprüft. Wenn unser Wissen jedoch nur aus richtigen Antworten auf Fragen bestehen würde, so könnten Personen nie spontan, schnell und kreativ auf neue Situationen reagieren.
Heutzutage wird eher bezweifelt, dass sich computergestütztes Lernen, wie Skinner es mit seinem „Programmierten Lernen" beabsichtigte, wirklich ausschließlich auf behavioristischen Annahmen beruht, da viele Lerninhalte dem kognitiven Bereich zuzuordnen sind. Der Begriff des Kognitivismus wird im nächsten Kapitel beschrieben.

3.2 Kognitivismus

Der Kognitivismus hat sich in der Abgrenzung zum Behaviorismus entwickelt. Innerpsychische Vorgänge werden als Informationsverarbeitungsprozesse betrachtet. Mit ihnen lassen sich bewusste Vorgänge wie Auffassung, Lernen, Planung, Einsicht, Entscheidungen, Denken und Problemlösen erklären. Das Individuum wird im Kognitivismus nicht als Black Box verstanden, im Gegensatz zum Behaviorismus werden hier aktive Verarbeitungsprozesse im Gehirn betont. Das Individuum ist nicht nur durch äußere Reize steuerbar, sondern kann diese selbständig verarbeiten. Lernen wird im Kognitivismus nicht als einfacher Reiz-Reaktions-Prozess betrachtet, sondern als Informationsverarbeitungsprozess. Die Denk- und Verstehensprozesse eines einzelnen Individuums spielen hierbei eine zentrale Rolle. Statt des Erlernens von Faktenwissen geht es im kognitivistischen Ansatz darum, Methoden und Verfahren zum Problemlösen zu vermitteln.

Ein führender Vertreter des Kognitivismus war der Entwicklungspsychologe Jean Piaget, der die beiden Begriffe Assimilation und Akkomodation als grundlegende Prozesse der kognitiven Anpassung des Organismus an seine Umwelt definierte. Sein bekanntestes Beispiel für das Prinzip der Assimilation und der Akkomodation beim menschlichen Organismus ist der Greifakt des Kindes. Jeder Mensch kommt mit einem Greifreflex zur Welt, d.h. er kann einen Gegenstand automatisch greifen. Dieser Gegenstand wird an den Greifakt assimiliert und durch ständiges Üben wird die Greifaktion verfeinert. Der Mensch ist dazu in der Lage, das Greifschema an neue Gegenstände anzupassen und abzuwandeln. Diesen Schritt der Modifikation des Greifaktes nennt Piaget Akkomodation.

Wie werden diese kognitivistischen Annahmen nun in der Entwicklung von computergestütztem Lernen verwendet? Ein kognitivistisches Lernprogramm muss die kognitivistischen Aktivitäten jedes einzelnen Lernenden optimal unterstützen, indem es Lernfortschritte und –defizite des Lernenden erkennt und sich dem Lernniveau entsprechend anpasst. Bei Lernsoftware mit kognitivem Ansatz geht es also nicht um die Vermittlung von Fakten und Detailwissen, sondern vielmehr um die Wissensvermittlung zur Erschließung von Zusammenhängen. Im Gegensatz zum „Programmierten Lernen" des Behaviorismus sollen kognitivistische Lernprogramme dem Lernenden das „entdeckende Lernen" ermöglichen, so dass er zum kreativen Lernen, Denken und

Problemlösen angeregt wird. Um die aktive Konstruktionsleistung einer Person zu fördern, leitet das Programm den Lernenden also nur an und ermöglicht das Umgehen mit authentischen Situationen. Das beschriebene „entdeckende Lernen" wird von sogenannten intelligenten tutoriellen Systemen geliefert. Dies sind adaptive und interaktive Lernprogramme, wie zum Beispiel Simulationen oder Planspiele.

Um solche Systeme effektiv gestalten zu können, müssen die Lehrinhalte analysiert werden, denn es wird angenommen, dass die Art der zu vermittelnden Inhalte für den Prozess des Lehrens eine entscheidende Rolle spielt. J.R. Anderson unterscheidet drei verschiedene Wissenstypen: das deklarative, das prozedurale und das kontextuelle Wissen. Diese Wissenstypen werden in unterschiedlichen Regionen unseres Gedächtnisses gespeichert und erfordern daher auch unterschiedliche Verarbeitungsprozesse, die bei der Entwicklung von tutoriellen Systemen, die auf dem kognitiven Ansatz basieren, berücksichtigt werden müssen.

Ein weiterer Ansatz, der besonders auf mediengestütztes Lernen eingeht, ist das Modell der Supplanation, bei dem kognitive Lernaktivitäten mit Merkmalen von Medien in Beziehung gesetzt werden. Das Lehrprinzip eines Programms sollte sich daran orientieren, welche kognitiven Aktivitäten der Lernende bei den unterschiedlichen Lerninhalten ausführt bzw. welche mentalen Prozesse beim Lernen stattfinden. Der Begründer des Modells der Supplanation G. Salomon bezeichnet Supplanation als Veräußerlichung innerer Prozesse und als Funktion, die durch explizite Präsentation dessen erreicht wird, was üblicherweise Lernende selbst intern zur Erreichung eines Lernziels tun müssen.

Eine große Schwierigkeit bei diesem Modell ergibt sich jedoch durch mangelnde kognitionspsychologische Erkenntnisse über die internen Verarbeitungsprozesse jedes Individuums. Wie kann ein System entwickelt werden, das die kognitiven Aktivitäten beim Lernen berücksichtigen soll, wenn die Lernprozesse für die Aneignung bestimmter Lerninhalte noch nicht ausreichend bekannt sind?

Die grundlegende Kritik am Kognitivismus ist die Beschränkung des Lernens auf die kognitiven Prozesse. Das Wissen ist objektiv, extern und unabhängig von den individuellen Besonderheiten einer Person. Der kognitivistische Ansatz nimmt keine Rücksicht auf die Beziehung des Individuums zum Lerninhalt: Aspekte wie Vorwissen, Motivation und Interesse des Lernenden werden vernachlässigt. Aus diesen Kritikpunkten hat sich der Konstruktivismus abgeleitet und ergänzt bzw. ersetzt kognitivistische Ansätze in Lernprogrammen. Der Begriff des Konstruktivismus wird im folgenden Kapitel ausführlich erläutert.

3.3 Konstruktivismus

Der Konstruktivismus hat sich aus der Kritik am Kognitivismus entwickelt. In konstruktivistischen Ansätzen werden Verhaltensweisen nicht ausschließlich auf interne kognitive Verarbeitungsprozesse beschränkt, vielmehr liegt der Schwerpunkt auf individueller Wahrnehmung. Das Lernen wird im Konstruktivismus als ein aktiver Prozess der Konstruktion von Wissen auf der Basis des vorhandenen Erfahrungs- und Wissensschatzes des Lernenden beschrieben. Von großer Bedeutung ist die Selbststeuerung und –organisation des Lernprozesses, denn die individuelle und effektive Konstruktion von Wissen gelingt jedem Einzelnen am besten selbst. Der Lernprozess jedes Lernenden hängt also von ihm selbst, seiner individuellen Lernsituation, dem Vorwissen, dem Interesse und der Motivation ab. Das Gehirn wird nicht als informationsverarbeitende Maschine angesehen, die bei jeder Person gleich arbeitet. Ganz im Gegenteil: Im Konstruktivismus werden jedes Gehirn und jede Person als individuell betrachtet. Sie unterscheiden sich durch verschiedene Eindrücke und Erfahrungen. Ein weiterer wichtiger Aspekt bei konstruktivistischen Ansätzen ist der soziale Kontext: Lernen hängt immer auch vom sozialen Umfeld und von persönlichen Bedürfnissen ab.

Wie werden diese konstruktivistischen Annahmen nun in der Entwicklung von computergestütztem Lernen verwendet? Ein konstruktivistisches Lernprogramm muss die individuelle Konstruktion von Wissen ermöglichen. Dem Lernenden müssen zahlreiche Informationen zum Wissensaufbau zur Verfügung gestellt werden, den Lernweg muss er jedoch selbst steuern und die Wahl des Lernangebotes selbst treffen können. Zu den Begriffen des „Programmierten Lernens" des Behaviorismus und dem „entdeckenden Lernen" des Kognitivismus kommt Mitte der 80er Jahre der von Lucy Suchman geprägte Begriff des „situierten Lernens" hinzu. Das „situierte Lernen" beruht auf konstruktivistischen Annahmen und stellt die individuelle Lernsituation bei der Konstruktion von neuem Wissen in den Vordergrund. Handeln, Lernen und Verstehen ist grundsätzlich abhängig von einem sozialen, situierten Kontext und nicht Resultat von Entscheidungs- und Verarbeitungsprozessen eines isolierten Individuums. Die Annahme, dass es kein objektiv vermittelbares Wissen gibt, sondern dass jede Person in ihrem Lernprozess Wissen neu konstruiert, stellt die Grundlage des „situierten Lernens" dar. Wissen wird daher nicht in den einzelnen Personen gespeichert, sondern in jeder Situation neu geschaffen.

Es gibt einige aktuelle Ansätze, die das Modell des „situierten Lernens" nutzen, um Lernprogramme zu gestalten. Einer dieser Ansätze ist das „geankerte Lehren": Ein komplexes Problem soll den Lernenden an einem möglichst realitätsnahen Beispiel interaktiv präsentiert werden. Dieses fallbasierte Lernen soll dazu führen, dass die Aufmerksamkeit des Lernenden gehalten wird, er die nötige Lernmotivation beibehält und genügend Entscheidungsfreiheit hat, seinen Lernprozess selbst zu organisieren. Ein bekanntes Beispiel für den Einsatz von „geankertem Lehren" ist die Videodisk-Serie „Adventures of Jasper Woodbury" von 1990, die Schülern interaktiv mathematische Problemfälle näher bringen soll.

Interaktive Lernprogramme sind folglich bestens dafür geeignet, konstruktivistische Annahmen im Lernprozess zu implementieren. Mit den beschriebenen Grundlagen ergeben sich zahlreiche Anforderungen für eine konstruktivistische Lernumgebung: komplexe Ausgangsprobleme, Authentizität der Lernumgebung, situierte Anwendungskontexte, multiple Perspektiven und multiple Kontexte sowie sozialer Kontext. Interessante, komplexe Ausgangsprobleme sind die Grundlage jedes konstruktivistischen Lernsystems. Wichtig ist, dass die Fallbeispiele möglichst real sind und dass den Lernenden Perspektivewechsel ermöglicht werden, damit die Wahrscheinlichkeit eines Wissenstransfers erhöht wird.

Die konstruktivistische Theorie fordert, dass Lernsysteme nicht Mittel zur Steuerung von Lernprozessen sind, sondern als Informations- und Werkzeugangebote für selbstgestaltete Lernprozesse zu betrachten sind. Das Lernmedium ist nicht mehr wie im Kognitivismus ein reiner Wissensspeicher, sondern soll vielmehr dazu dienen, dem Lernenden Werkzeuge zu liefern, mit denen er sein eigenes Wissen konstruieren kann. Geeignete, diese Maßgaben erfüllende Systeme sind zum Beispiel Hypermedia oder Web-Based- und Computer-Based-Trainings.

Auch die konstruktivistische Lerntheorie wird kritisch hinterfragt. So stellen die Entscheidungsfreiheit und Selbststeuerung, die in konstruktivistischen Lernprogrammen gefordert sind, für viele Lernende mit mangelnder Fähigkeit zur Selbstorganisation im

Lernprozess ein Problem dar. Die enorme Komplexität und der umfangreiche Zeitaufwand stellen hohe Anforderungen an die Lernenden, die nicht ohne bestimmtes Vorwissen zu bewältigen sind. Daher sind konstruktivistische Lernumgebungen wohl eher in fortgeschrittenen Stufen des Wissenserwerbs anzusiedeln, sinnvollerweise an Universitäten. Hier kann von einem gewissen Grad an Vorwissen und Motivation bei den Lernenden ausgegangen werden.

Zusammenfassend gilt zu sagen, dass keine der drei vorgestellten Lerntheorien Behaviorismus, Kognitivismus und Konstruktivismus für das computergestützte Lernen generell abzulehnen ist.

Die verschiedenen Lerntheorien haben je nach Situation – Lerninhalte und Zielgruppe betreffend - ihre Berechtigung und finden in unterschiedlichen mediengestützten Lernumgebungen ihre Anwendung.

4 Instruktionsdesign

4.1 Definition

"Instruktionsdesign (ID) bezeichnet die systematische Planung, Entwicklung und Evaluation von Lernumgebungen und Lernmaterialien." [Wikipedia, 2006]

Der Begriff des Instructional Design wurde in den 60er Jahren von dem amerikanischen Psychologen und Pädagogen Robert Gagné geprägt. Im englischen wird das Wort „instruction" dem Wort „education" vorgezogen, weil es das Anwendungsgebiet weniger einschränkt [Niegemann, 2006]. Design steht hier für die Konzeption der Instruktion. In Deutschland wurden alternativ die Bezeichnungen Didaktisches Design oder Instruktionsdesign verwendet, die auf den Göttinger Erziehungswissenschaftler Karl-Heinz Flechsig zurückgehen.

Das Instruktionsdesign liefert Prinzipien für die Gestaltung von Lernumgebungen unter psychologisch-didaktischen Gesichtspunkten. Die systematische Anwendung dieser Kriterien bei der Entwicklung von Lernangeboten führt zu besseren Ergebnissen und damit größerem Lernerfolg als bei dem Verzicht auf ein Instruktionsdesign.
Im Laufe der Jahre sind zahlreiche Modelle des Instruktionsdesigns, die sich nicht speziell auf mediengestütztes Lernen beziehen, entstanden. Diese Modelle werden im folgenden Kapitel 4.2 beschrieben.

4.2 Modelle des ID

Instruktionsdesign nach Gagné. Das Instruktionsdesign wurde von Robert Gagné Ende der 60er Jahre zur Planung komplexer Lernumgebungen entwickelt - ohne die spezielle Beachtung von Medien im Lernprozess. Gagné hat zwischen fünf Lehrzielen eines Lernangebotes unterschieden: das sprachlich repräsentative Wissen, die kognitiven Fähigkeiten, die kognitiven Strategien, die Einstellungen und die motorischen Fähigkeiten. Abhängig von den zu erwerbenden Fähigkeiten unterscheidet sich der von Gagné in 9 Lehrschritte aufgeteilte Lernprozess [Niegemann, 2004]:
- Aufmerksamkeit gewinnen

- Informieren über Lernziele
- Vorwissen aktivieren
- Darstellen des Lehrstoffs
- Lernen anleiten
- Ausführen/Anwenden lassen
- Informative Rückmeldung geben
- Leistung kontrollieren und beurteilen
- Behalten und Transfer sichern

Diese Lehrschritte repräsentieren die inneren und äußeren Lernbedingungen, die es möglich machen, sich verschiedene Fähigkeiten anzueignen. Aufmerksamkeit kann die Lehrperson beispielsweise durch schnelle Reizwechsel gewinnen. Das Informieren über Lernziele baut eine Erwartungshaltung beim Lernenden auf, die den gesamten Lernprozess über anhält. Der Lehrstoff sollte mit charakteristischen Merkmalen hervorgehoben werden. Lernende müssen dazu angehalten werden, das erworbene Wissen anzuwenden, damit sich zeigt, ob die erlernte Fähigkeit dauerhaft erworben wurde. Ein Feedback als informative Rückmeldung ist entscheidend für einen schnellen und effektiven Lernprozess. Mit Übungen kann die Leistung kontrolliert und beurteilt werden. Um zusätzlich das Behalten und den Transfer zu sichern, müssen die Aufgaben und Übungen unterschiedliche Merkmale besitzen, damit die Wahrscheinlichkeit des Transfers auf eine andere Situation höher wird.

Instructional Transaction Theorie. Die Instructional Transaction Theory von M. David Merrill findet seine Ursprünge in der Component Display Theory. Beide Theorien zielen darauf ab, Komponenten zu finden, mit denen sich Lehrstrategien konstruieren lassen. Diese Komponenten sollen sich je nach Lehrziel unterschiedlich kombinieren lassen.

Die Component Display Theory wird um die Methode der instruktionalen Transaktion erweitert. Der Begriff der didaktischen Transaktion (Instructional Transaction) bezeichnet eine besondere Form der Interaktion mit einem Lernenden. Merrill charakterisiert eine didaktische Transaktion als den wechselseitigen dynamischen Austausch zwischen dem Instruktionssystem und dem Lernenden. Jede Transaktion muss Wissensselektion, Wissenssequenzierung, Management und Ausgabe der Instruktion beinhalten. Es werden 13 Klassen von Transaktionen unterschieden, die im Wesentlichen als Lernaufgaben verstanden werden: Identifizieren, Ausführen, Verstehen, Urteilen, Klassifizieren,

Verallgemeinern, Entscheiden, Transfer, Ausbreiten, Analogien, Ersetzen, Konzipieren und Entdecken. [Niegemann, 2004]

Anchored Instruction. Die Projektmethode Anchored Instruction wurde Anfang der 90er Jahre von der Forschungsgruppe um Bransford entwickelt. In dem typischen Frontalunterricht in Schulen wird hauptsächlich sogenanntes träges Wissen vermittelt, mit dem ein Lernender nur selten die Fähigkeit erhält, sein erlerntes Wissen in einer Alltagssituation anzuwenden. Mit der Projektmethode wird versucht, das Wissen auf eine Weise zu vermitteln, die den Transfer auf andere Situationen erleichtert. Hierfür wird ein sogenannter Anker verwendet, der das Interesse wecken und die Aufmerksamkeit des Lernenden halten soll. Die Problemstellung und alle relevanten Informationen werden in eine Geschichte eingebettet, die ein Abstrahieren und einen Transfer des Wissens sichert. [Niegemann, 2004]

Eine erste Lernumgebung für den Einsatz der Projektmethode ist die Reihe „Adventures of Jasper Woodbury" von 1990, die Schülern interaktiv mathematische Problemfälle näher bringen soll (vgl. Kapitel 3.3). Besonders wichtig ist der Einsatz von audiovisuellen Medien im Lernprozess.

Cognitive Apprenticeship. Das Modell des Cognitive Apprenticeship wurde 1989 von Brown und Duguid entwickelt. Zunächst soll ein Lernender beim Lernen angeleitet und dann schrittweise zur Selbständigkeit gebracht werden. Anfangs werden neue Fertigkeiten und Fähigkeiten erworben und können dann selbstgesteuert angewendet werden. Brown und Duguid haben hierfür sechs konkrete Lehrschritte benannt: Im Modeling, Coaching und Scaffolding sollen neue Vorgehensweisen und neues Wissen erworben werden. Die Lehrschritte Articulation und Reflection dienen dazu, das neue Wissen selbstgesteuert einzusetzen. Im letzten Schritt der Exploration hat sich der Lehrende komplett zurückgezogen und lässt den Lernenden allein und selbständig agieren, um auftretende Probleme zu lösen. Cognitive Apprenticeship ist das international höchst anerkannte Instruktionsdesign-Modell - bereits zahlreiche Lernumgebungen wurden nach diesem Ansatz entwickelt. [Niegemann, 2004]

Goal-Based Scenarios. Das Instruktionsdesign-Modell Goal-Based Scenarios (GBS) wurde von Roger Schrank am Institute for the Learning Sciences entwickelt. Das Modell soll den Erwerb von Fertigkeiten und Fähigkeiten in einem möglichst realitätsnahen

Kontext fördern. Durch die Abbildung der Realität wird eine Lernumgebung geschaffen, die den Wissenstransfer von neu erworbenen Kenntnissen begünstigt und einen grundlegenden Aspekt des menschlichen Lernens zugrunde legt - das „Learning by Doing". Damit wird der Lernprozess durch richtige und falsche Entscheidungsalternativen positiv beeinflusst.

Das „Goal-Based Scenario" besteht aus sieben wichtigen Komponenten [Niegemann, 2004]:

- Die Lernziele müssen festgelegt sein. Sie werden in prozedurales Wissen und Inhaltswissen unterschieden.
- Ein Auftrag wird erteilt, um eine Situation zu schaffen, in der Lernende ein realistisches Ziel mit Interesse verfolgen können.
- Eine Coverstory (Rahmenhandlung) liefert den Kontext für den Auftrag.
- Die Rolle des Lernenden in der Coverstory muss so konzipiert sein, dass alle zu erlernenden Fähigkeiten angewandt werden müssen.
- Die Szenario-Handlungen des Lernenden müssen auf den Auftrag und die Ziele bezogen sein.
- Alle Ressourcen und Informationen, die Lernende benötigen, um den Auftrag auszuführen, müssen zur Verfügung gestellt werden.
- Den Lernenden muss ein situationsbezogenes und „just-in-time" Feedbackgegeben werden, damit der Handlungsverlauf sofort darauf angepasst werden kann.

Mit dem GBS-Modell wurden bereits zahlreiche multimediale Lernumgebungen entwickelt. Das Modell hat sich als besonders geeignet in der Hochschullehre und der beruflichen Weiterbildung erwiesen. [Niegemann, 2004]

4C/ID. Das Vier-Komponenten-Instruktionsdesign-Modell 4C/ID wurde von J. van Merrienboer und S. Dilkstra zum speziellen Training von komplexen kognitiven Fähigkeiten entwickelt. Es basiert auf kognitionspsychologischen Theorien des Lernens und Denkens. Dabei wird die Vorgehensweise in vier Ebenen unterteilt: Dekomposition der zu vermittelnden Fähigkeiten, Analyse der konstitutiven Fähigkeiten und des Wissens, Auswahl von Instruktionsmethoden und Komposition der Trainingsstrategie. Auf jeder Ebene werden wiederum die vier folgenden Designkomponenten berücksichtigt: Analyse von Teilfähigkeiten, Wissensanalyse von Vorwissen und Voraussetzungen für die Ausführung routinemäßiger Tätigkeiten, Aufgabenanalysen hinsichtlich der heuristischen

Fähigkeiten und Wissensanalyse für die Anwendung nicht routinemäßiger Fähigkeiten. Das 4C/ID-Modell wird für die Entwicklung von problembasierten Lernumgebungen verwendet und gilt heute als das entscheidende Modell für die Förderung komplexer kognitiver Fähigkeiten. [Niegemann, 2004]

4.3 Instructional Systems Design

Das Instructional Systems Design (ISD) bezeichnet die praktische Umsetzung von Instruktionsdesign (ID) und wird für die Planung und Konzeption von Lernumgebungen verwendet. Während das Instruktionsdesign von Gagné den Einsatz von Medien im Lernprozess nicht besonders berücksichtigt, wurde das Instructional Systems Design Ende der 60er Jahre im Hinblick auf neue Medien in Bildungsangeboten von den US-amerikanischen Streitkräften vorangetrieben. Für die Entwicklung des ISD wurde das Instruktionsdesign theoretisch angewandt, es war allerdings erforderlich, einen komplexeren Prozessablauf zu gestalten - von der Analyse bis zum Einsatz.
Das ISD folgt einem behavioristischen Ansatz (vgl. Kapitel 3.1) zur Entwicklung von multimedialen Lernangeboten und enthält folgende Bestandteile [Kerres, 2001]:

- Festlegen des Bildungsbedarfs
- Durchführen von Anforderungsanalysen
- Abwägen von Kostenüberlegungen
- Formulieren operationaler Lernziele
- Entwicklung von Lerntests
- Sequenzierung des Lehrstoffs
- Bestimmung relevanter Merkmale der Zielgruppe
- Wahl einer Lehrstrategie
- Entscheidung für ein Mediensystem
- Produktion des didaktischen Mediums
- Test/Revision des Mediums/der Instruktion
- Installation/Wartung des Mediums/der Instruktion

Es gibt innerhalb des Instructional Systems Design verschiedene Modelle, die die aufgezählten Bestandteile zusammenfassen und sich somit der Koordination der Entwicklungsphasen widmen. Im Folgenden werden das ADDIE- und das PADDIQ-Modell vorgestellt.

ADDIE-Modell. ADDIE steht für Analyse, Design, Development, Implementation und Evaluation. Dies sind die wesentlichen Schritte in der Entwicklungsphase einer Lernumgebung, die in Abbildung 3 grafisch dargestellt sind.

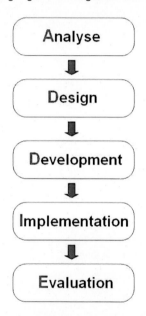

Abbildung 3: ADDIE-Modell (nach [Niegemann, 2004])

PADDIQ-Modell. PADDIQ steht für Projektmanagement, Analyse, Design, Development, Implementation und Qualitätssicherung. Das Modell hat sich in Auswertung der Schwächen des ADDIE-Modells gebildet, das keine Rücksicht auf Wechselbeziehungen zwischen den einzelnen Schritten nimmt. Gerade die Aspekte Qualitätssicherung und Projektmanagement müssen während des gesamten Entwicklungsprozesses im Blickpunkt des Instruktionsdesigners bleiben. Die Abbildung 4 veranschaulicht dieses Modell grafisch.

Die Konzeption einer multimedialen Lernumgebung beginnt sinnvollerweise mit dem Projektmanagement. Diese erste Phase der Entwicklung beinhaltet die Formulierung von Projektzielen, die Verteilung von Aufgaben, die Zuweisung von Verantwortlichkeiten, die Erstellung von Zeitplänen und die Organisation des Projektverlaufs. In der zweiten Phase der Analyse werden Problem, Bedarf, Inhalt, Zielgruppe, Ressourcen und Einsatzkontext genau ermittelt. Die Ergebnisse sind Grundlage für die weitere Vorgehensweise im Entwicklungsprozess. Die dritte Phase beschäftigt sich mit didaktischen Designentscheidungen. Danach folgen in der vierten und fünften Phase der Entwicklung die technische Umsetzung und die Implementation des geplanten Systems. Die letzte Phase beinhaltet die Qualitätsbeurteilung und Evaluation des E-Learning-Angebots. In den folgenden Kapiteln 4.4, 4.5 und 4.6 wird näher auf die wichtigen Schritte Projektmanagement, Analyse und Design eingegangen.

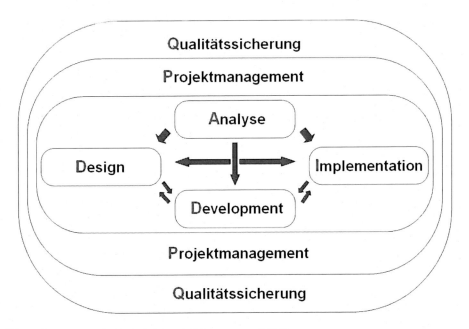

Abbildung 4: PADDIQ-Modell (nach [Niegemann, 2004])

4.4 Projektmanagement

Das Projektmanagement stellt eine wichtige Phase für die erfolgreiche Konzeption und Umsetzung eines E-Learning-Systems in einem Unternehmen dar. Zu den Aufgaben während des Projektmanagements gehört es, allen beteiligten Personen die Projektziele zu vermitteln. Diesem Personenkreis müssen Aufgaben und Verantwortlichkeiten zugewiesen werden. Um einen möglichst effizienten Projektverlauf zu gewährleisten, müssen regelmäßig Statusberichte verfasst und an alle Beteiligten kommuniziert werden. Das Projektmanagement lässt sich zur besseren Übersichtlichkeit in drei zentrale Anforderungen unterteilen [Niegemann, 2004]:

- Projektrahmen
- Zeitplanung
- Budgetierung

Im Projektrahmen werden der Beteiligtenkreis festgelegt sowie Absichten und Ziele festgesteckt. Eine detaillierte Zeitplanung ist notwendig, damit das Projekt zielorientiert durchgeführt werden kann. Vor Projektbeginn sollten Meilensteine gesetzt werden, um den zeitlichen und inhaltlichen Ablauf des Projektes steuern zu können. Letztlich ist die Budgetierung von enormer Bedeutung. Es gilt festzulegen, welche Leistungen erforderlich sind und welcher finanzielle Rahmen nicht überschritten werden darf.

4.5 Analyse

Die Analyse der folgenden Faktoren ist ein wichtiger Teil bei der Konzeption von multimedialen Lernumgebungen. Das Problem und der Bedarf müssen analysiert werden, genauso wie die Zielgruppe, der Inhalt, die Ressourcen und der Einsatzkontext.

4.5.1 Problemanalyse

Eine E-Learning-Umgebung wird stets konzipiert, um ein bestimmtes Problem zu lösen. Dieses Problem gilt es genau zu analysieren und einzugrenzen. Es entsteht meist durch Qualifikationsdefizite einer bestimmten Personengruppe. Allerdings können auch technische Schwierigkeiten das Problem darstellen, das selbst durch eine sehr gute E-Learning-Plattform nicht behoben wird. Mögliche Probleme sind die Qualität des bisherigen Informations- und Lernangebots, die hohen Kosten, die fehlende zeitliche und räumliche Flexibilität und die eingeschränkte Zielgruppe. [Niegemann, 2004, Niegemann, 2006]

4.5.2 Bedarfsanalyse

Eine Bedarfsanalyse im Vorfeld der Konzeption ermittelt die Kompetenzen, die bei einer Zielgruppe aufgebaut werden sollen. Durch Befragungen der Adressatengruppe wird bestimmt, welches Wissen, welche besonderen Fähigkeiten und Fertigkeiten aufgebaut bzw. trainiert werden müssen. Mit der Bedarfsanalyse soll festgestellt werden, welche Probleme die Leistung, Kontinuität und Produktivität der Mitarbeiter einschränken. Der Bedarf lässt sich nach Morrison in sechs Kategorien unterteilen [Niegemann, 2004]: Es besteht ein normativer Bedarf, wenn die Kompetenzen der Zielgruppe von internationalen Standards abweichen. Ein relativer Bedarf liegt vor, falls sich Qualifikationsunterschiede zu einer direkten Vergleichsgruppe ergeben. Ein subjektiv empfundener Bedarf nach Qualifizierung wird von einzelnen Mitgliedern der Zielgruppe selbst geäußert. Liegt ein demonstrativer Bedarf vor, so zeigt die Zielgruppe durch bestimmte Indikatoren das Verlangen nach neuen Kompetenzen. Ein zukünftiger Bedarf ist schwer abzuschätzen und bezieht sich auf künftige Veränderungen im Unternehmen, die einen neuen Bildungsbedarf auslösen können. Schließlich gibt es noch den Qualifizierungsbedarf aufgrund kritischer Ereignisse, den es möglichst zeitnah umzusetzen gilt.

4.5.3 Zielgruppenanalyse

Die Bedarfs- und die Zielgruppenanalyse lassen sich nur schwer trennen. Es ist notwendig, bestimmte Merkmale wie Kompetenzenausprägung und - verteilung der Zielgruppe zu ermitteln, um eine geeignete Lernumgebung zu schaffen. Zu diesen Zielgruppenmerkmalen gehört die Ermittlung des Vorwissens, der relevanten Erfahrungen,

der Lerngeschichte, des Bildungsstands, der Lernmotivation, der persönlichen Interessen und Zielsetzungen der Zielgruppenmitglieder. [Niegemann, 2004]
Außerdem sind Seh- und Hörbehinderungen oder kulturelle Besonderheiten eines Adressaten wichtige, zu beachtende Merkmale bei der Konzeption von Lernumgebungen. Neben den aufgezählten Personenmerkmalen sind auch Gruppenmerkmale entscheidend für den Analyseprozess. Es muss ermittelt werden, wie gleichmäßig diese Merkmale auf alle Zielgruppenmitglieder verteilt sind, in welcher beruflichen Beziehung die Adressaten zueinander stehen und ob sie sich bereits persönlich kennen. Diese Faktoren spielen eine entscheidende Rolle bei der Konzeption einer multimedialen Lernumgebung.
[Niegemann, 2006]

4.5.4 Inhaltsanalyse

Im Prozess der Konzeption einer Lernumgebung stellt die Analyse des Lehrstoffs einen wichtigen Aspekt dar. Es muss ermittelt werden, welcher Inhalt gelehrt werden soll und welches Wissen bzw. welche Fähigkeiten bei der Zielgruppe aufgebaut werden müssen, damit ein angestrebter Kompetenzgrad erreicht werden kann.
Es gibt verschiedene Arten des Wissens, die dementsprechend auch unterschiedlich analysiert werden. Das deklarative Wissen - die Kenntnis von etwas - wird in einer Themensammlung gruppiert und hierarchisch gegliedert. Das prozedurale Wissen - die Fertigkeit, wie etwas funktioniert – kann beobachtbare und nicht beobachtbare Handlungen beinhalten, es werden die einzelnen Schritte einer Prozedur identifiziert und analysiert. Dafür muss im Vorfeld geklärt werden, welche Handlungen die Lernenden später auszuführen haben und welches Wissen und welche Erfahrungen dafür erforderlich sind. Das kontextuelle bzw. konditionale Wissen - das situative, fallbezogene Wissen - ist notwendig, damit eine erlernte Prozedur adäquat eingesetzt werden kann. Diese verschiedenen Lehrinhalte lassen sich am besten mit grafischen Begriffsnetzen darstellen - sogenanntes mind- oder conceptmapping. Außerdem eignen sich Fluss- oder UML-Diagramme zur Darstellung der Wissensstrukturen. [Niegemann, 2004]

4.5.5 Ressourcenanalyse

Die zur Verfügung stehenden Ressourcen müssen vor der Konzeption ermittelt werden. Zu diesen Ressourcen gehören: Material, Personal, Zeit, Kosten und Rechte. [Niegemann, 2004]

Material. Vor der Konzeption müssen Hardware- und Softwarekomponenten, Netzzugänge und Bandbreiten ermittelt werden. Mit den Problem-, Bedarfs- und Inhaltsanalysen steht fest, ob Videosequenzen, Animationen, Texte und Bilder benötigt werden und welches Material davon zugekauft werden muss oder im Unternehmen produziert werden kann.

Personal. Die personellen Anforderungen müssen genau ermittelt werden. Das Unternehmen muss sich fragen, wie viele Personen in den Entwicklungs- und Einführungsprozess der Lernplattform involviert sein werden und welche Qualifikationen diese Mitarbeiter aufweisen müssen. Außerdem ist zu berücksichtigen, dass auch nach der Einführung einer E-Learning-Umgebung Personal für die Instandhaltung und notwendige inhaltliche Aktualisierungen des Systems gebraucht wird.

Zeit. Die verfügbare Zeit für ein Projekt wird meistens von den Auftraggebern vorgegeben und muss mit dem Projektteam abgestimmt werden. Außerdem ist der zeitliche Mehraufwand zu beachten, der in der ersten Phase der Einführung eventuell für die Entwicklung von Schulungsmaterialien auftritt.

Kosten. Im Konzeptionsprozess einer E-Learning-Plattform können eine Reihe von Kosten anfallen: Personalkosten in der Entwicklung, in der Projektleitung, in der Verwaltung, für freie Mitarbeiter, Kosten für Hard- und Software, für Dienstleistungen, für Lizenzen und Rechte, für Fremdcontent und vieles mehr.

4.5.6 Einsatzkontextanalyse

Der Einsatzkontext kann entscheidend zum Erfolg des E-Learning-Systems beitragen. Daher sollten einige Fragen bereits vorher beantwortet werden: Wo soll das mediale Lernangebot genutzt werden? Welche anderen Medien stehen zur Verfügung? Welche Sprache muss verfügbar sein? Welche technischen Möglichkeiten können genutzt werden? [Niegemann, 2004]

Nachdem die wichtige Analyse von Inhalt, Zielgruppe, Problem und Bedarf abgeschlossen ist, folgen die Designentscheidungen im Prozess der Konzeption einer Lernumgebung.

4.6 Design

4.6.1 Didaktische Grundsatzentscheidungen

Das Instruktionsdesign beinhaltet drei, sich gegenseitig beeinflussende Ebenen, auf denen didaktische Grundsatzentscheidungen getroffen werden. Die erste Ebene enthält sieben strategisch-didaktische Entscheidungen:

- Organisation der Informationsdarbietung: Entscheidung zwischen kanonischer und problembasierter Darstellung
- Abstraktionsniveau: Entscheidung zwischen abstrakter und situativer Informationspräsentation
- Wissensanwendung: Entscheidung zwischen aktiver und passiver Anwendung des Wissens
- Steuerungsinstanz: Entscheidung zwischen eigener und fremder Regulierung des Lernprozesses
- Kommunikationsrichtung: Entscheidung zwischen Ein-Weg- und Zwei- Weg-Kommunikation
- Art der Lernaktivitäten: Entscheidung zwischen aktivem und passivem Verhalten der Lernenden
- Sozialform des Lernens: Entscheidung zwischen individuellem und kollaborativem Lernen

Auf der zweiten Ebene sind folgende Entscheidungen zu treffen:
- Strukturierung des Lehrstoffs
- Zu verwendende Symbolsysteme
- Spezifische pädagogische Methoden
- Technische Basis
- Interaktions- und Adaptionsdesign
- Motivationsdesign

Auf der dritten Ebene sind folgende Gestaltungsentscheidungen zu treffen:
- Layout
- Stilistisch-ästhetische Aspekte
- Softwareergonomische Aspekte
- Beachtung rechtlicher und ethischer Normen

[Niegemann, 2004]

4.6.2 Gestaltung von Lerninhalten

Texte sind ein wesentlicher Bestandteil von Lernmaterialien. Jedoch müssen bei der Gestaltung von E-Learning-Inhalten einige Besonderheiten beachtet werden. Dafür ist es zunächst notwendig, die kognitiven Prozesse bei der Textverarbeitung zu verstehen, um daraus sinnvolle inhaltliche und didaktische Richtlinien für die Konzeption von elektronischen Lerninhalten abzuleiten. Die parallel ablaufenden Prozesse der Textverarbeitung lassen sich in vier Phasen unterteilen: die basale, die semantisch-syntaktische, die elaborative und die reduktive Verarbeitung. [Niegemann, 2004]
Die basale Verarbeitung ist ein automatisch ablaufender Prozess beim Lesen. Dabei werden jedoch nicht Buchstabe für Buchstabe gelesen und erkannt, sondern einzelne Wörter in Sprüngen wahrgenommen. Wörter und Silben werden wiedererkannt und mit einer Bedeutung verbunden. Je mehr Wörter, die dem Leser nicht bekannt sind, ein Text enthält, desto schwerer wird es für ihn, den Text zu verstehen und von einzelnen Satzfragmenten auf die gesamte Bedeutung zu schließen.
Beim Lesen längerer Texte reicht die automatische Verarbeitung der Silben nicht aus. Die semantisch-syntaktische Verarbeitung sorgt dafür, dass beim Lesen sowohl Wörter als

auch Sätze inhaltlich in Verbindung gebracht werden. Texte, die inhaltlich zusammenhängend und syntaktisch verknüpft wurden, sind leichter zu verstehen.

Beim Lesen werden bestimmte Assoziationen oder Ideen zum Inhalt eines Textes geweckt, die Elaborationen genannt werden. Hierbei wird Vorwissen aktiviert und mit dem neuen Wissen verknüpft. Elaborationen wirken sich durch die Verbindungen zwischen altem und neuem Wissen positiv auf die Behaltensleistung des Lesers aus. Um Behalten zu gewährleisten, sollten Lernangebote daher die elaborative Verarbeitung anregen. Leser behalten niemals komplette Inhalte, sondern können sich lediglich das vermeintlich Wesentliche eines Textes merken. Die reduktive Verarbeitung besteht aus den informationsverdichtenden Prozessen Selektion, Generalisierung und Konstruktion. Bei der Selektion werden bestimmte Aussagen eines Textes ausgewählt und behalten. In der Generalisierung werden wesentliche Inhalte verallgemeinernd zusammengefasst. Die Konstruktion schafft neue Begriffe für die Zusammenfassung mehrerer Aussagen eines Textes.

Um einen Inhalt E-Learning-tauglich zu machen, müssen einige inhaltliche und didaktische Aspekte berücksichtigt werden [Niegemann, 2004]:

• Der Lernende sollte im Text über das Lernziel aufgeklärt werden, damit eine gezielte Informationsaufnahme möglich ist. Wichtig dabei ist vor allem, dass die formulierten Lernziele verständlich und informativ sind und die Kompetenzen der Lernenden möglichst beobachtbar verändern können.

• Die Sach- und didaktische Strukturierung, also die Auswahl und Sequenzierung der Inhalte, macht die Qualität eines Textes aus und sorgt für ein gutes Verständnis beim Lernenden. Die Texte müssen auf ihre Sachstruktur überprüft werden: Das betrifft Korrektheit, Vollständigkeit, Aktualität und Objektivität. Hinsichtlich der didaktischen Struktur muss sichergestellt sein, dass sich der Text am Vorwissen der Leser orientiert, dass die Argumentation klar und nachvollziehbar ist, dass wichtige Inhalte durch typografische Mittel hervorgehoben werden, dass die verschiedenen Wissensarten angemessen repräsentiert werden und dass eine kognitive Überlastung der Leser vermieden wird.

• Die Aktivierung des Vorwissens erleichtert das Anknüpfen an neues Wissen. Wichtige didaktische Hilfsmittel dafür sind die Vorstrukturierung von Inhalten und die Präsentation von Beispielen und Analogien.

- Die Zusammenfassung längerer Texte am Anfang oder Ende ist entscheidend für das Behalten tatsächlich wesentlicher Informationen, sie beeinflusst den Lernprozess positiv.

Zusätzlich zu diesen Aspekten sind einige Gestaltungsprinzipien bei Bildschirmmedien zu beachten: eine sinnvolle Strukturierung der Texte durch die Gliederung in Abschnitte, die Verwendung von Überschriften, Orientierungsmarken und einfacher, lernbezogener Wortwahl verbessert die Qualität und gewährleistet damit, dass der Text für einen Lernenden leicht zu lesen und ausreichend verständlich ist.

Neben den genannten Gesichtspunkten spielen auch typografische Aspekte bei der Gestaltung von E-Learning-Inhalten eine wichtige Rolle.

Auf folgende Merkmale ist bei der Konzeption von Lernmedien besonders zu achten [Niegemann, 2004]:

- Wahl der Druckschrift: Serifenschriften sind bei hohen Schriftgrößen empfehlenswert, bei kleiner Schriftgröße sind eher serifenlose Schriften zu bevorzugen.
- Schriftgröße: Zwischen 12pt und 14pt Schriftgröße sind zu wählen.
- Schriftstärke: Schmallaufende Schriften sind zu bevorzugen.
- Schriftstil: Kursive Schriften sind schwerer zu lesen als normale; deren Einsatz ist daher nur bedingt empfehlenswert.
- Auszeichnungen: Fett geschriebene Wörter können als besondere Hervorhebung genutzt werden, unterstrichene Wörter hingegen können leicht mit Links verwechselt werden.
- Schriftmischungen: Es sollten maximal zwei Schriften miteinander gemischt werden.
- Buchstaben- und Wortabstände: Die Abstände sollten nicht zu groß und nicht zu klein sein, damit eine optimale Lesbarkeit gewährleistet werden kann.
- Zeilenlänge: Die Anzahl von 8 bis 10 Wörtern pro Zeile sollte nicht überschritten werden.
- Kontrast: Farben dienen der Kontrastierung von Inhalten.
- Seitenaufteilung: Eine ausgewogene Kombination von Bild und Text ist wünschenswert.

Neben Texten spielen in elektronischen Lernmaterialien natürlich auch Bilder, Animationen, Audiodateien und Videos eine wichtige Rolle. E-Learning zeichnet sich gerade dadurch aus, dass nicht nur Text und Bild zusammenspielen, sondern noch andere Darstellungsmedien hinzukommen, für die ebenfalls spezielle Gestaltungsrichtlinien existieren.

Einsatz von Bildern. Informationen können Texten wesentlich einfacher und schneller entnommen werden, wenn dem Leser unterstützend Bilder angeboten werden. Gerade bei dem Lesen von Lernmaterial am Bildschirm ist es sinnvoll, mit Bildern zu arbeiten, da sich dies positiv auf die Lernleistung auswirkt. Inhalte sollten durch Bilder jedoch nicht völlig ersetzt werden, da sie manchmal nur oberflächlich wahrgenommen werden und einen größeren Interpretationsspielraum liefern als Texte.

Bilder wirken lernfördernd, sobald sie einen Bezug zum Lerninhalt haben. In Kombination mit Text erleichtern Bilder die Verständlichkeit und erhöhen die Motivation beim Leser. Es ist sinnvoll, besonders wichtige Textpassagen durch Bilder zu ergänzen. Es ist im Gegensatz dazu natürlich auch möglich, mit Text und Bild unterschiedliche Informationen darzustellen. Dies erfordert allerdings eine höhere Verstehensleistung des Lesers. Die Anordnung von Bildern und Text spielt für die Behaltens- und Verarbeitungsprozesse natürlich ebenfalls eine entscheidende Rolle: Zusammengehörende Informationen in Bild- und Textform sollten möglichst auch beieinander präsentiert werden. [Niegemann, 2004]

Einsatz von Animationen. Grafische Animationen werden für computerbasiertes Lernen verwendet, jedoch ist der didaktische Mehrwert nicht belegt. Zum größten Teil werden Animationen eingesetzt, um zu beeindrucken und Aufmerksamkeit zu gewinnen und nur selten, um wirklich zu lehren. Animationen können dennoch ganz gezielt für die Präsentation, Verdeutlichung und Übung bestimmter Sachverhalte eingesetzt werden.

Der Einsatz von Animationen ist auf jeden Fall sinnvoll, wenn Bewegungsabläufe oder räumlich-orientierte Informationen dargestellt werden sollen.

Es existieren einige Empfehlungen für die Erstellung von Animationen [Niegemann, 2004]:

- Animationen sollten möglichst einfach gehalten sein.
- Steuerungsmöglichkeiten der Animationen zum Beispiel bezüglich der Ablaufgeschwindigkeit sind sinnvoll.

- Genau wie bei Texten und Bildern sollten auch Animationen unmittelbar zusammen mit dem Lerninhalt auftreten.
- Dem Lernenden sollten eventuell Interpretationshilfen zu den Animationen angeboten werden.
- Animationen sollten nur dann angeboten werden, wenn bei den Lernenden die entsprechenden technischen Voraussetzungen gegeben sind.

Einsatz von Video. Das Video ist genau wie die Animation besonders dafür geeignet, schwierige Zusammenhänge zu veranschaulichen. Die Verbindung von Ton und realem Bild übertrifft die Lernwirksamkeit von Animationen sogar noch. [Niegemann, 2004]

5 E-Learning im Unternehmen

5.1 Marktentwicklung

Durch die rasante Entwicklung der Informations- und Kommunikationstechnologien in den letzten Jahren hat sich E-Learning als Lernform fest etabliert. Der Einsatz von Technologie am Arbeitsplatz und zu Hause nimmt stetig zu. Mittlerweile nutzen mehr als 58% der Erwachsenen das Internet und den Computer - ein Trend, der den wachsenden E-Learning-Markt unterstützt. [Michel, 2004]

Seit dem Jahr 2000, kurz nachdem sich der Begriff E-Learning gebildet hat, gibt es bereits umfangreiche Studien und Zukunftsprognosen von Marktforschungsunternehmen und Hochschulen, die den E-Learning-Markt untersuchen.

Umfragen bei Unternehmen machen deutlich, dass E-Learning im Allgemeinen sehr befürwortet wird und dass Mitarbeiter die Fortbildung mit E-Learning-Angeboten sogar für wünschenswert erachten. [Back et al.,2001]

In einer Studie der FH Göttingen mit 350 der größten Wirtschaftsunternehmen Deutschlands wurden deren Ziele und Erfahrungen mit elektronischem Lernen und Medien untersucht: 2001 nutzten bereits 90% aller Großunternehmen E-Learning. Diese Zahl ist zwar erstaunlich hoch, lässt aber noch nicht auf den wirklichen Grad der Verbreitung und Akzeptanz schließen. Das Bewusstsein der Unternehmen, dass E-Learning eine interessante Alternative zu klassischen Seminaren darstellt, ist bereits erkennbar. Aber von den 90% der Unternehmen steht nur der Hälfte ein eindeutig definiertes Budget zur Verfügung. E-Learning ist bei den anderen 50% der Firmen folglich noch nicht klar in die Lern- und Schulungsstruktur integriert.[Back et al.,2001]

Der Nutzermarkt von E-Learning als Fortbildungsalternative besteht bislang lediglich aus Großunternehmen, die teilweise sogar eigene E-Learning- Lösungen entwickeln - darunter sind zum Beispiel Unternehmen wie SAP, die Telekom oder die Deutsche Bahn. In kleinen und mittleren Unternehmen konnte sich E-Learning bisher noch nicht durchsetzen. Berufliche Fortbildung ist bei kleinen Unternehmen generell nicht sehr verbreitet, außerdem fehlt den Mitarbeitern laut Studien die nötige Selbstlernkompetenz. Ein weiteres Argument gegen E-Learning ist die Angst der Unternehmensleitung, dass sich Mitarbeiter abwerben lassen, sobald sie vom Unternehmen kompetent geschult worden sind.

In öffentlichen Einrichtungen spielt E-Learning bislang keine große Rolle, da die finanzielle Lage der meisten Haushalte keine gesonderten Ausgaben zulässt und das Bewusstsein des Stellenwertes von Fortbildungen generell wenig ausgeprägt ist. [Wache, 2003]
Die Prognosen für die Weiterentwicklung des E-Learning-Marktes in den nächsten Jahren sind gut. Um auf dem Wirtschaftsmarkt bestehen zu können, müssen Unternehmen qualifizierte Mitarbeiter haben. Da das Wissen in der heutigen Zeit sehr schnell veraltet, verlangen Firmen nach einer schnellen und aktuellen Weiterbildungsmöglichkeit für ihre Angestellten. Nicht nur die Halbwertzeit des Wissens, sondern ganz besonders auch die Kostenreduzierung stehen im Mittelpunkt der Überlegungen eines jeden Unternehmens. Ein Hauptentscheidungskriterium für den Einsatz von E-Learning ist ein möglichst schneller „Return on Investment": Können Ausgaben gespart werden, so wird E-Learning von Unternehmen als sinnvolle Alternative bzw. Ergänzung zu anderen Schulungsmaßnahmen erwogen.

Der Markt der E-Learning-Anbieter steigt, die Standardisierung dieser Produkte und die Verbreitung des Internets nehmen zu und der Fortschritt im Bereich der Multimedia-Anwendungen entwickelt sich rasch: E-Learning ist also genau die richtige Möglichkeit, um Mitarbeiter kompetent, flexibel und just-in-time fortzubilden.

Während zurzeit die meisten elektronischen Fortbildungen im IT-Bereich angesiedelt sind, wird für die kommenden Jahre prognostiziert, dass der Bereich des Soft-Skill-Trainings immens steigen und das IT-Training sogar überholen wird. Der Bereich der sozialen und personalen Kompetenz wird zunehmend an Aufmerksamkeit gewinnen.

Es werden immer wieder neue Prognosen und Zukunftsaussichten für die Entwicklung des E-Learning-Marktes gestellt. Allerdings hat sich in der Vergangenheit gezeigt, dass die anfängliche Euphorie und die damit verbundenen hohen Erwartungen nicht erfüllt werden konnten. Mark Twain soll gesagt haben, dass Prognosen eine schwierige Sache sind - vor allem, wenn sie die Zukunft betreffen [Michel, 2004]. Der E-Learning-Markt ist vielleicht nicht so schnell gewachsen wie anfangs vorausgesagt, aber dennoch sind die Verbreitung und die Akzeptanz steigend.

Für die weitere E-Learning-Entwicklung wird entscheidend sein, nicht übereifrig irgendwelchen Trends zu folgen, sondern möglichst ergebnisorientiert zu versuchen, weitere E-Learning-Anwendungen zu entwickeln und dabei die didaktischen und wirtschaftlichen Mehrwertpotenziale von E-Learning zu betonen und zielbewusst auszuschöpfen.

5.2 E-Learning-Strategie

Voraussetzungen. Nach Marc J. Rosenberg [Rosenberg, 2001] gibt es zahlreiche wichtige Aspekte, die für den erfolgreichen Einsatz von E-Learning im Unternehmen entscheidend sind und im Vorfeld beachtet werden sollten. Zunächst muss die allgemeine Bereitschaft der Firma, elektronische Medien zur Fortbildung zu nutzen, analysiert werden. Dabei ist grundlegend, inwieweit Technologie in dem Unternehmen bereits verbreitet und wie hoch die Motivation der Mitarbeiter ist, sich auch zunehmend mit neuen Medien zu beschäftigen. Als nächstes muss sich ein Unternehmen fragen, ob grundsätzlich ein Informations- oder ein Bildungsbedarf bei den Mitarbeitern besteht. Dient E-Learning also zum Wissensaufbau oder soll bereits Erlerntes beispielsweise mit speziellen Online-Kursen geprüft werden. Eine Kombination wäre prinzipiell natürlich auch denkbar.

Des Weiteren sollte dem Unternehmen bewusst sein, dass die Einführung von E-Learning eine Veränderung der gesamten Weiterbildungsorganisation mit sich bringt. Den Umfang der Umstrukturierung kann die Firma natürlich beeinflussen. Allerdings ist es notwendig, ein klares Budget zu definieren, Aufgaben und Tätigkeitsbereiche zu verteilen, damit sich E-Learning auch langfristig im Unternehmen als alternative oder ergänzende Fortbildungsmaßnahme etablieren kann.

Eine umfangreiche Analyse des komplexen und wachsenden E-Learning- Marktes ist von großer Bedeutung, damit ein qualitativ hochwertiger Anbieter und das für die Firma am besten passende E-Learning-Produkt ausgewählt werden können. Außerdem müssen eventuell zusätzliche personelle Ressourcen eingeplant, budgetiert und organisiert werden.

Die exemplarisch aufgezählten Aspekte machen deutlich, dass die Einführung von E-Learning im Unternehmen eine klare Strategie erfordert.

Definition E-Learning-Strategie.

"Eine E-Learning Strategie ist die Summe der Ziele, Pläne und Maßnahmen, mit denen durch den Einsatz von Technologien und entsprechenden didaktisch-methodischen sowie organisatorischen Maßnahmen innerhalb und außerhalb eines Unternehmens 'Lernräume' für Strategie-orientierte Lern- und

Arbeitsprozesse für alle relevanten Anspruchsgruppen eines Unternehmens entwickelt und realisiert werden." [Back et al.,2001]

Der schnelle Wandel von Kommunikations- und Informationstechnologie in der heutigen Zeit fordert eine kontinuierliche Anpassung der Unternehmen an den Veränderungsprozess. Um wettbewerbsfähig zu bleiben, müssen sich Unternehmen mit der Umgestaltung und Digitalisierung einiger Geschäftsprozesse beschäftigen. Dieser E-Business-Transformationsprozess kann E-Learning als mögliche Aktualisierung im Weiterbildungsprozess beinhalten. Die damit verbundene weitgreifende Veränderung verlangt nach einer E-Learning-Strategie, die wettbewerbswirksam, innovativ, adaptiv und modifizierbar ist. Die E-Learning-Strategie muss die Eigenschaft besitzen, sich an den Wünschen der Mitarbeiter zu orientieren, ihre Bedürfnisse nach Selbstlernkompetenz zu erfüllen und sie im Veränderungsprozess zu unterstützen. Der Einsatz von E-Learning im Unternehmen bringt neue Organisationsstrukturen mit sich, obwohl das Ausmaß des Wandels davon abhängig ist, ob E-Learning alle bisherigen Weiterbildungsstrukturen ersetzen oder nur ergänzen soll.

Die E-Learning-Strategie wird hauptsächlich durch die Innovationen im Technologie-Bereich und den stetig zunehmenden Wertewandel in unserer Gesellschaft beeinflusst. Aus diesen beiden Aspekten ergeben sich zahlreiche Auswirkungen auf ein Unternehmen, die zu bestimmten Anforderungen an eine E-Learning-Strategie führen.

Unternehmen stehen zunehmend unter dem bereits angesprochenen enormen Technologiedruck. Der schnelle Wandel in diesem Bereich macht es notwendig, sich ständig dem aktuellen technologischen Fortschritt anzupassen.

Zusätzlich bewirkt die steigende Informationsmenge einen Weiterbildungsdruck auf Seiten der Mitarbeiter eines Unternehmens: Fort- und Weiterbildungen werden immer entscheidender für die berufliche Existenz.

Die aufgezählten Aspekte führen zu einer erhöhten Komplexität der Strukturen, die wiederum einen Vernetzungs- und Kommunikationsdruck in Unternehmen aufbaut. Dem kann nur durch neue Strukturen im Informations- und Kommunikationsfluss begegnet werden.

Letztlich ist auch der erhöhte Kundendruck nicht zu vernachlässigen. Der gesellschaftliche Wertewandel hat zur Folge, dass Kunden immer anspruchsvoller und ungeduldiger werden. [Back et al.,2001]

Aus diesen Faktoren lassen sich grundlegende Anforderungen an eine E-Learning-Strategie ableiten [Back et al., 2001]:

- Eine E-Learning-Strategie hat zur Aufgabe, sowohl interne als auch externe Lernmöglichkeiten zu schaffen, damit Kunden und Mitarbeiter kooperativ zusammenarbeiten können.
- Die Umgestaltungsmaßnahmen der Weiterbildungsprozesse durch E-Learning müssen genau formuliert werden.
- Die E-Learning-Strategie muss beinhalten, dass Mitarbeitern neue Möglichkeiten geboten werden, mit den wachsenden beruflichen Anforderungen umzugehen. Dazu müssen verschiedene Kompetenzen aufgebaut werden: Basis-, Fach-, Sozial- und Lernkompetenzen.
- Die Vernetzung der einzelnen Abteilungen und Arbeitsprozesse muss von einer E-Learning-Strategie vorangetrieben werden. Den Mitarbeitern muss sowohl kollaboratives als auch individuelles Lernen ermöglicht werden.
- E-Learning muss flexibel sein.
- Eine E-Learning-Strategie muss Standards für alle Arten von Daten und Prozessen fordern, um Einheitlichkeit und Integrationsmöglichkeiten zu schaffen.
- Kontrollmaßnahmen sind notwendig, um die Akzeptanz bei den Mitarbeitern und den Fortschritt im Lernprozess messen zu können.
- Der durch den Einsatz von E-Learning als Lernmethode auftretende Veränderungsprozess im Unternehmen sollte möglichst offen kommuniziert werden.

Die grafische Zusammenfassung der Eigenschaften, Auswirkungen und Anforderungen einer E-Learning-Strategie an ein Unternehmen bietet die Abbildung 5.

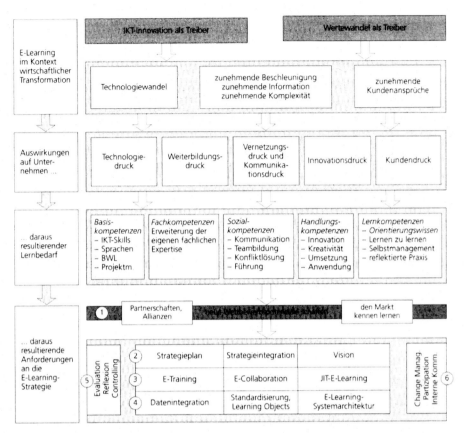

Abbildung 5: Anforderungen an eine E-Learning-Strategie [Back et al.,2001]

Teil III
Learning Management Systeme

Teil III der Arbeit beschäftigt sich mit Learning Management Systemen.
Im Kapitel 6 wird der Begriff des Learning Management Systems erklärt. Im Weiteren wird der Anbietermarkt von Lernplattformen näher beleuchtet.
Im Kapitel 7 werden jeweils zwei proprietäre Learning Management Systeme und zwei Open Source Systeme ausführlich beschrieben und miteinander verglichen.
Im Kapitel 8 wird der Begriff des Autorensystems erläutert und es werden zwei solche Systeme umfassend vorgestellt.

6 Was ist ein Learning Management System?

6.1 Definition

„Ein Learning Management System ist ein Software-System, in dem selbst erstellte oder zugekaufte Inhalte in einer Datenbank verwaltet und den Lernenden zur Verfügung gestellt werden." [Wikipedia, 2006]

Die Funktionalitäten eines Learning Management Systems (LMS) lassen sich in fünf verschiedene Kategorien unterteilen: Administration, Kommunikationswerkzeuge, Präsentation von Inhalten, Erstellung von Tests und Statistiken. Abbildung 6 zeigt diese verschiedenen Funktionsbereiche.

Abbildung 6: Funktionsbereiche von Learning Management Systemen (nach [Häfele et al., 2002])

Im administrativen Teil eines LMS werden Inhalte, Benutzer, Kurse, Lernfortschritte und Termine verwaltet. Lernplattformen verfügen über eine große Anzahl von synchronen und asynchronen Kommunikationswerkzeugen wie Chat, Foren, E-Mail, Whiteboards, News und Instand Message Systemen. Eine weitere Kategorie stellt die Präsentation von Inhalten in Medienbibliotheken dar. Der Benutzer hat über diesen Wissenspool Zugang zu allen Informationen im System, die in Form von Text, Audio, Video oder als Grafik vorliegen können. Für die Erstellung von Aufgaben und Tests sind in den meistens LMS nur sehr einfache Editoren integriert. Einfache Multiple-Choice-Tests lassen sich jedoch problemlos mit einem Lernmanagementsystem realisieren. Umfangreichere Möglichkeiten für die Erstellung von Inhalten bieten sogenannte Autorenwerkzeuge, die im Kapitel 8 ausführlich beschrieben werden. Die letzte Kategorie in Learning Management Systemen stellen die Statistiken dar. Es werden Werkzeuge angeboten, mit denen Testergebnisse ausgewertet werden können. Evaluations- und Bewertungshilfen sind in den meisten LMS integriert. Außerdem kann der individuelle Lernfortschritt eines Benutzers mit verfolgt und genau nachvollzogen werden.

6.2 Anbietermarkt

Der E-Learning-Markt bietet eine Vielzahl unterschiedlicher Learning Management Systeme. Die Wirtschaftspädagogen und E-Learning-Experten Peter Baumgartner, Hartmut Häfele und Kornelia Maier-Häfele haben im Jahr 2005 eine Evaluation dieser verschiedenen Lernplattformen durchgeführt, die von bildung.at, dem österreichischen E-Learning Portal des Bundesministeriums für Bildung, Wissenschaft und Kultur initiiert wurde [bildung.at, 2005]. Die Ergebnisse dieser Evaluation wurden im „E-Learning Praxishandbuch" [Baumgartner et al., 2002] veröffentlicht und bilden die theoretische Grundlage für die Erstauswahl der Learning Management Systeme in dieser Arbeit.

Um eine qualitativ fundierte Rangliste von Learning Management Systemen zu erstellen, wurden im Zuge der Evaluation von Baumgartner, Häfele und Maier-Häfele die weltweit rund 90 Produkte des E-Learning-Anbietermarktes gesichtet und unter bestimmten Kriterien bewertet. Zunächst wurde ein Katalog von Mindestanforderungen erstellt, nach dessen Anwendung sich nur noch die Hälfte der Systeme für weitere Untersuchungen qualifiziert hat. Die restlichen Systeme wurden danach einer detaillierteren Qualitätskontrolle unterzogen.

Im Folgenden werden die konkreten Kriterien für die Evaluation der Learning Management Systeme aufgezählt [Baumgartner et al., 2002]:

- Das LMS muss eine webbasierte Lösung sein, so dass die Anwender mit einem Webbrowser am Lernprozess teilnehmen können.
- Eine webbasierte Verwaltung von Benutzern, die Organisation von Lerninhalten und Kursen müssen möglich sein.
- Das System muss über ein umfangreiches Rollen-, Gruppen- und Rechtemanagement verfügen.
- Zur Kommunikation sollten sowohl asynchrone als auch synchrone Werkzeuge zur Verfügung stehen.
- Dem Lernenden muss Feedback zum Lernfortschritt geliefert werden können.
- Interaktive Übungen und Tests müssen zugelassen werden.
- Das Tracking, Testing und die Zertifizierung von Benutzern muss möglich sein.
- Das System muss erweiterbar und skalierbar sein.
- Die Anpassbarkeit des Systems ans Corporate Design eines Unternehmens muss gewährleistet sein.
- Die Unterstützung von internationalen E-Learning-Standards wie AICC, SCORM, IMS etc. ist notwendig.
- Eine hohe Sicherheit beim Datentransfer muss gegeben sein.
- Standardobjekttypen und -formate wie PDF- und Office-Dokumente müssen unterstützt werden.
- Eine standardisierte Import-/Exportschnittstelle für den Austausch von Daten ist erforderlich.
- Für das LMS sollte Support verfügbar sein.
- Eine Personalisierung der Lernumgebung ist wünschenswert: Kalenderfunktion, individuelle Sprachauswahl, Veröffentlichung persönlicher Ankündigungen etc.

Nachdem die Kriterien bei den verbleibenden Systemen untersucht wurden, konnte die Anzahl auf 16 Learning Management Systeme reduziert werden (vgl. Abbildung 7).

Diese Systeme wurden anschließend einer zweiten Evaluationsphase unterzogen, in der praxisorientierte Untersuchungen mit den Lernplattformen durchgeführt worden sind. Rund

450 Versuchspersonen nahmen dazu an einem Benutzertest teil, in dem selbständig Kurseinheiten konzipiert und anschließend Fragen beantwortet werden sollten.

Um die Learning Management Systeme bestmöglich vergleichen zu können, mussten einige Rahmenbedingungen für die zweite Evaluationsphase geschaffen werden: Die Benutzer testeten jeweils nur ein System, innerhalb der verschiedenen LMS wurde stets dasselbe WBT-Modul eingesetzt, die Lehrpersonen wurden geschult und die Testpersonen bekamen dieselben Arbeitsanleitungen, so dass für alle Teilnehmer identische Voraussetzungen geschaffen wurden und kein LMS bereits im Vorfeld benachteiligt oder bevorzugt werden konnte.

In dieser zweiten Phase konnten einige Vor- und Nachteile der LMS aufgedeckt werden, die von den Testpersonen verschieden bewertet wurden. Die in Abbildung 7 aufgezählten Lernplattformen gehören zu den 16 besten, die je nach Einsatzbereich und Zielgruppe unterschiedlich gut geeignet sind.

Top 16 Learning Management Systeme (Stand: Jänner 2005)

Die Reihung erfolgt alphabetisch nach dem Produktnamen.

Produkt:	Hersteller:	URL:
ATutor (Open Source)	Uni Toronto	www.atutor.ca
Blackboard	Blackboard	www.blackboard.com
Claroline (Open Source)	Uni Louvain	www.claroline.net
Clix	IMC GmbH	www.im-c.de
Distance Learning System	ETS GmbH	www.ets-online.de
eLearning Suite	Hyperwave	www.hyperwave.com
IBT Server	Time4you GmbH	www.time4you.de
iLearning	Oracle	www.oracle.com
ILIAS (Open Source)	Uni Köln	www.ilias.de
Learning Management System	Lotus / IBM	www.lotus.com
Moodle (Open Source)	Moodle.com	www.moodle.org
Saba Enterprise Learning Suite	Saba	www.saba.com
elSitos	Bitmedia	www.bitmedia.cc
Top Class	WBT Systems	www.wbtsystems.com
Viversa	Viwis Gmbh	www.viwis.de
WebCT	WebCT	www.webct.com

Abbildung 7: Die 16 besten Learning Management Systeme [bildung.at, 2005]

7 LMS im Vergleich

Die Liste der besten Learning Management Systeme im Kapitel 6.2 bildet die Grundlage für die Auswahl der in den nächsten Kapiteln detailliert beschriebenen Lernplattformen. Nach grober Untersuchung dieser LMS wurden zwei kommerzielle Systeme und zwei kostenfreie Systeme zur näheren Betrachtung in dieser Arbeit ausgewählt. Da eines dieser Systeme prototypisch im Unternehmen Mundipharma installiert werden soll, wurden bei der Auswahl dieser vier Systeme natürlich bereits die Anforderungen von Mundipharma berücksichtigt, die im Kapitel 10.3 ausführlich beschrieben werden.

7.1 Proprietäre Systeme

„Proprietär beschreibt den Zustand, bei dem ein Individuum oder eine Firma die exklusiven Rechte an einer Software hält und anderen gleichzeitig Zugang zum Quelltext, das Recht die Software zu kopieren, zu verändern oder zu studieren verbietet." [Wikipedia, 2006]

Im Folgenden werden die beiden proprietären Learning Management Systeme CLIX und WebCT detailliert beschrieben und deren Vor- und Nachteile beleuchtet. Die Auswahl der beiden kommerziellen Systeme begründet sich durch ihre Marktposition, ihren Bekanntheitsgrad und ihre Verbreitung.

7.1.1 CLIX

Profil. Das Learning Management System CLIX[2] wurde von der IMC AG Deutschland entwickelt und steht für Corporate Learning and Information eXchange. Die IMC AG vertreibt seit knapp 10 Jahren Produkte und Dienstleistungen im E-Learning-Bereich und gehört damit zu den führenden E-Learning Full-Service-Providern. [Baumgartner et al., 2002] Mit den drei Produktvarianten CLIX-Campus für Hochschulen, CLIXEnterprise für

---

[2] http://www.im-c.de

Unternehmen und CLIX-Marketplace für Portallösungen im Bildungsbereich bietet die IMC AG eine umfangreiche Lernplattform für alle Benutzergruppen. CLIX ist eine softwaretechnische Lösung, mit der sich sämtliche Informations-, Lern- und Wissensprozesse eines Unternehmens realisieren lassen. Es werden alle Lern- und Trainingsprozesse, die Administration von Inhalten und die Verwaltung von Benutzern, Gruppen, Rollen und Organisationsbereichen unterstützt. CLIX besteht aus drei Komponenten: Learning Process Management, Learning Content Management und Learning Organisation Management.

Abbildung 8: Das Learning Management System CLIX [IMC, 2006]

- **Learning Process Management:** Lernprozesse werden mit vielfältigen Mitteln gestaltet und organisiert. Das Maßnahmenmanagement regelt die Kombination der einzelnen Kurse zu unterschiedlichen Bildungsangeboten. Mit dem Kursmanagement werden Lehrpläne erstellt und Lernlogiken definiert. Im Tutorencenter werden Kurse, Teilnehmer, Trainer und Lernprozesse verwaltet. Die Kommunikationsmöglichkeiten zwischen Trainern und Teilnehmern gehören ebenfalls zum Prozessmanagement. [IMC, 2006]

- **Learning Content Management:** Lerninhalte sind natürlich wesentlicher Bestandteil einer Lernplattform. Es lassen sich verschiedene Arten von Lerninhalten erstellen, die in einer eigenen Datenbank versioniert und verwaltet werden. Durch die Unterstützung internationaler Standards lassen sich problemlos externe Lerninhalte einbinden. Lerninhalte lassen sich bestimmten Nutzergruppen zuweisen (Content-Push-Services). Außerdem können externe Inhalte aus Newsbeiträgen oder Fachankündigungen automatisch ins LMS integriert werden (Content-Routing). [IMC, 2006]
- **Learning Organisation Management:** Die individuelle Abbildung der firmeninternen Organisationsstrukturen wird mit dem Organisationsmanagement realisiert. Das Domäne-, Gruppen- und Benutzermanagement gewährleistet die teilnehmerbezogende Organisation der Kurse und Lerninhalte. Zusätzlich können Lernobjekte mit dem umfangreichen Rechtemanagement auf bestimmte Nutzergruppen beschränkt werden. Das Lizenzmanagement ermöglicht eine effiziente Verwaltung von Nutzerlizenzen. [IMC, 2006]

Die konzeptionelle Basis von CLIX ist der Cognitive Apprenticeship-Ansatz (vgl. Kapitel 4.2).[Baumgartner et al., 2002]

Funktionen. Die vorgestellten Komponenten Process-, Content- und Organisationsmanagement deuten den enormen Funktionsumfang von CLIX bereits an. Im Folgenden werden alle wichtigen Funktionalitäten des Learning Management Systems aufgezählt:

- Asynchrone und synchrone Kommunikationswerkzeuge: Chat, Diskussionsforen, FAQ-Listen, Blackboards, E-Mail, persönliches Adressbuch etc.
- Frei konfigurierbares, flexibles Rollen- und Gruppenmanagement
- Persönliche Benutzerprofile mit Gästebuch, Adressbuch, Kalenderfunktion, Notizen etc.
- Verwaltung von Teilnehmern und Lerninhalten
- Erstellung von Übungen mit den Aufgabentypen Multiple Choice, Single Choice, Lückentext, Zuordnung und Freitext
- Kontrolle des Lernfortschrittes mit Tests
- Modularisierung von Lerninhalten

- Benutzer-Tracking
- Integration zahlreicher Standardobjektformate (PDF, Office-Dokumente, Audio, Video, HTML etc.)
- Sammlung aller Lernmaterialien in einer Mediathek
- Hohe Anpassung, Erweiterbarkeit und Skalierung
- Unterstützung vieler internationaler Standards: Dublin Core, AICC, SCORM, QTI und LOM
- Verschlüsselter Datentransfer möglich
- Organisation und Verwaltung von Veranstaltungen und Präsenzseminaren
- Zahlreiche Add-On-Module verfügbar: z. B. das Skill- und Kompetenzmanagement, mit dem Kompetenzen der Mitarbeiter ermittelt und gezielt aufgebaut werden können.

[Baumgartner et al., 2002, IMC, 2006, Mitter, 2005]

Technik. Nachfolgend werden die benötigten und von CLIX unterstützten Systemkomponenten aufgelistet [IMC, 2006]:
- Browser: MS Internet Explorer 5.5/6.0, Netscape Navigator 7.1 und Firefox 1.0/1.5
- Webserver: MS Internet Information Server 5.0/6.0, ApacheWebserver 2.0.5x und IBM HTTP Server 1.3
- Servlet Engine: Macromedia JRun 4 SP 5/SP 6, Tomcat 5.5.8, IBM WebSphere 5.1 und Bea Weblogic 8.1
- Datenbank-Server: MS SQL-Server 2000/2005, Oracle DB 9i und IBM DB2 8.2+
- Java: SUN JDK 1.5 (Tomcat), SUN JDK 1.4.2 (JRUN), IBM JDK 1.4.2 (Websphere) und JRocket (Bea)
- Betriebssysteme: MS Windows 2000 Server, MS Windows 2003 Server, SuSE Linux Enterprise 9 und Sun Solaris 5.8+

Kosten. Die Gesamtkosten für CLIX sind nach dem Named-User-License-Modell[3] von der Anzahl der Benutzer abhängig. Der CLIX-Basis-Preis beträgt zwischen 80 und 110€ pro Benutzer. Im Leistungsumfang dieses Basispreises sind Einführung, Parametrisierung und

---
[3] Eine Named-User-Lizenz erlaubt einem eingetragenen Benutzer, eine bestimmte Anzahl von Kopien der lizenzierten Software zu einer bestimmten Zeit zu benutzen. [OLicense, 2006]

Training enthalten. Dazu kommen jeweils 25€ für Zusatzmodule. Mundipharma würde die Module CLIX Advanced Testing and Assessment, CLIX2LDAP, CLIX2SMTP und das CLIX SSL-Package zusätzlich nutzen wollen. Damit ergäbe sich ein Lizenzpreis pro Nutzer von 195€. Bei einer Nutzeranzahl von etwa 500 Außendienstmitarbeitern würden dem Unternehmen Gesamtkosten in Höhe von 97.500€ entstehen.

Die finanziellen Aufwendungen für einen Softwarepflegevertrag mit der IMC AG betragen 17% der Lizenzkosten. Die Kosten für einen Supportvertrag betragen 8% der Lizenzaufwendungen.

Die IMC AG übernimmt nach Bedarf auch das Hosting des Learning Management Systems. [IMC, 2006]

Bewertung. CLIX gilt zu Recht als Marktführer im Bereich der kommerziellen Learning Management Systeme, es überzeugt mit Funktionsumfang, Bedienbarkeit und Aussehen. Zahlreiche Referenzen wie die Bayer AG, die Merck AG, die Schwarz Pharma Deutschland GmbH und Fresenius Medical Care sprechen für den Erfolg von CLIX als Lernplattform gerade im Pharmabereich. Der große Funktionsumfang und die enorme Komplexität des Systems erfordern jedoch eine hohe Einarbeitungszeit sowohl der Autoren als auch der Teilnehmer. Der Einsatz des Learning Management Systems CLIX muss aber vor allem wegen des enormen finanziellen Aufwandes genau geprüft werden. Das System sollte den Ansprüchen und dem Weiterbildungsstandard des Unternehmens gerecht werden. Leider ermöglicht die IMC AG seinen potenziellen Kunden die Nutzung einer Demoversion von CLIX nicht. Stattdessen wird angeboten, das LMS in einem persönlichen Meeting oder in einer Online-Veranstaltung vorzustellen. Die fehlende Verfügbarkeit einer Testversion machte es nicht möglich, eventuelle Schwächen in der Bedienbarkeit oder beim Aufbau der Lernumgebung aufzudecken. Die jedoch detaillierte und umfangreiche Präsentation der Lernplattform durch den Hersteller lässt eine insgesamt sehr positive Beurteilung zu: Die Funktionspalette von CLIX bedient alle möglichen Wünsche und Vorstellungen des Kunden, macht es daher allerdings enorm komplex.

7.1.2 WebCT

Profil. Das Learning Management System WebCT[4] wurde 1994 von der WebCT Inc. entwickelt und steht für Web Course Tool. Das System entstand ursprünglich aus einem Projekt der University British Columbia in Vancouver (Kanada) und ist daher hauptsächlich auf die Bedürfnisse von Hochschulen ausgerichtet. Die WebCT Inc. bezeichnet ihr Produkt als führendes Learning Management System im Bereich der akademischen Bildung und der beruflichen Weiterbildung. Dafür bietet WebCT zwei verschiedene Produktvarianten an: WebCT Campus Edition für Hochschulen und WebCT Vista für Unternehmen. Zurzeit werden beide Systeme parallel angeboten, wobei WebCT Vista die WebCT Campus Edition zukünftig völlig ersetzen soll. [Baumgartner et al., 2002] WebCT Vista besteht aus den Komponenten Virtual Course Environment, Community Manager, Learning Object Manager, PowerLinks KitTM und PowerSight KitTM [WebCT, 2006]:

- **Virtual Course Environment:** Die Kursumgebung ermöglicht die einfache Gestaltung und Verwaltung der Kursangebote. Kommunikationswerkzeuge bieten den Trainern und Lernenden die Gelegenheit zu kommunizieren und kollaborieren. Inhalte können in der Medienbibliothek, in Lernmodulen oder im individuellen Lehrplan präsentiert werden.
- **Community Manager:** Institutionen oder Abteilungen eines Unternehmens bzw. einer Hochschule haben die Möglichkeit, einen autonomen Teil des Systems für ihre Lerninhalte und ihr individuelles Design zu erhalten. Der Community Manager liefert den getrennten Bereichen aber dennoch die Funktionssicherheit und den Support des gesamten Systems.
- **Learning Object Manager:** Die Lerninhalte werden mit dem Learning Object Manager erzeugt und verwaltet, so dass sie beliebig verteilt und wiederverwendet werden können.
- **PowerLinks KitTM:** Das PowerLinks KitTM ermöglicht die direkte Integration verschiedener Anwendungen in das Learning Management System und erleichtert somit den Arbeitsablauf erheblich.

---

[4] http://www.webct.com

- **PowerSight KitTM:** Das PowerSight KitTM ist ein zusätzliches Auswertungswerkzeug, mit dem Daten wie Lerneffektivität analysiert werden können.

Funktionen. Die vorgestellten Komponenten weisen bereits auf den enormen Funktionsumfang von WebCT hin. Im Folgenden werden alle wichtigen Funktionalitäten des Learning Management Systems aufgezählt:

- Asynchrone und synchrone Kommunikationswerkzeuge: Chat, Diskussionsforen, Whiteboard, eigener E-Mail-Client etc.
- Externe Kommunikationstools integrierbar
- Persönlicher Desktop "my WebCT": Notizen, Bookmarks, etc.
- Kalenderfunktion mit drei Ebenen: persönlich, kursbezogen, teilnehmerweit
- Umfangreiche Testmöglichkeiten vorhanden: Assessment, Quiz, Umfragen, Selbsttests etc.
- Modularisierung der Lerninhalte
- Zahlreiche Übungen mit verschiedenen Fragetypen wie Multiple Choice, Single Choice, Wahr/Falsch, Kurztext und Essays vorhanden
- Automatische Notenverwaltung
- Verwaltung von Kursen und Teilnehmern
- Strukturierung von Lerninhalten möglich
- Online-Dateimanager zur Verwaltung externer Inhalte
- Lernmaterialien werden in einer Medienbibliothek gesammelt
- Benutzer-Tracking
- Unterstützung der Standards IMS, QTI, XML, LOM und SCORM
- Hohe Anpassbarkeit, Erweiterbarkeit, Distributierbarkeit und Skalierung
- SSL-verschlüsselter Datentransfer möglich
- Unterstützung aller gängigen Standardobjekttypen
- Rollen- und Rechtemanagement

[Baumgartner et al., 2002, Mitter, 2005, WebCT, 2006]

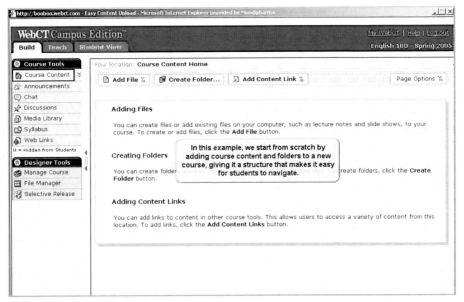

Abbildung 9: Das Learning Management System WebCT [WebCT, 2006]

Technik. Nachfolgend werden die benötigten und von WebCT unterstützten Systemkomponenten aufgelistet [WebCT, 2006]:
- Browser: MS Internet Explorer 4.0+ und Netscape Navigator 4.7+
- Webserver: ApacheWebserver 2.0 und MS Internet Information Server 4.0
- Datenbank-Server: MS Windows NT/2000 Server, Red Hat Linux 6.2/7.1 und Sun Sparc Solaris 7/8
- Betriebssysteme: Unix, Windows und Linux

Kosten. Der deutsche Vertriebspartner von WebCT ist seit 1996 die Lerneffekt GmbH[5] in Hamburg. Die Kosten für WebCT hängen von der Anzahl der Seats ab, die ein Unternehmen benötigt. Seats sind Kursregistrierungen und bezeichnen damit die maximale Anzahl der Teilnehmer an einem Kurs. Die Firma Mundipharma möchte im ersten Schritt etwa 500 Außendienstmitarbeiter weiterbilden. Es werden also mindestens 500 Seats gebraucht, wenn keine Kurse parallel stattfinden sollen. Wird ein Kurs beendet, so werden die Seats wieder freigegeben.

---

[5] http://www.lerneffekt.de

Die kleinste Einstiegslizenz für Firmenkunden beginnt bei 800 Seats. Die Kosten für diese Lizenz belaufen sich auf 11.500 US$ (9.052,27€[6]) pro Jahr, wobei Support, Service und Upgrades in diesem Modell bereits enthalten sind.
Die Kosten der nächsthöheren Lizenz betragen 21.000 US$ (16.534,14€) für 800 bis 1200 Seats. In diesem Modell sind auch dreijährige Verträge mit jährlicher Zahlung und einem Rabatt von 25% im ersten, 15% im zweiten und 0% Rabatt im dritten Jahr möglich. Umgerechnet bedeutet das einen Gesamtbetrag von 54.600 US$ (42.975,22€) bei einer dreijährigen Vertragslaufzeit.

Bewertung. Das Learning Management SystemWebCT gehört genau wie CLIX zu den Marktführern im Bereich der webbasierten Weiterbildung. WebCT hat jedoch wesentlich mehr Referenzen und Erfahrungen im akademischen und schulischen Fortbildungssektor. Das System überzeugt durch umfangreiches Funktionsangebot und ansprechendes Design. Die Bedienbarkeit von WebCT ist jedoch nicht immer intuitiv und benutzerfreundlich: Der Datei-Upload-Mechanismus gilt als recht kompliziert und die Baumstruktur in den Diskussionsforen als unübersichtlich.

Der enorme Funktionsumfang und die verzweigten Menüstrukturen erfordern eine hohe Einarbeitungszeit und eine softwaretechnische Affinität beim Benutzer. Die Zusammenstellung der Kurse mittels Ordner ist wenig intuitiv und erschwert den Umgang mit dem System.

Das vergleichsweise günstige Lizenzmodell ist ein deutlicher Pluspunkt für WebCT. Allerdings ist das Seat-System ungünstig, wenn die parallele Kurszahl schwer kalkulierbar ist.

Die Lerneffekt GmbH bietet keine Demoversion von WebCT an, so dass die Kunden auf Online- oder Präsenz-Präsentationen des Herstellers angewiesen sind. Die offizielle Webseite stellt Flash-Demonstrationen[7] einzelner Funktionen des LMS zur Verfügung. Diese animierten Abläufe sind durchaus hilfreich, um einen generellen Eindruck von der Lernumgebung zu bekommen, ermöglichen dem Benutzer jedoch nicht, das Gefühl für die Bedienbarkeit zu bekommen oder eigene Erfahrungen im Umgang mit dem System zu sammeln. Außerdem kann der Benutzer natürlich im Vorfeld keine Nachteile von WebCT erkennen.

---

[6] Wechselkurs: 1 US$ = 0,7872€ (Stand: September 2006)

[7] http://www.webct.com/software/viewpage?name=software demo webinars

7.2 Open Source Systeme

"Open Source bzw. Quelloffenheit wird meist auf Computer- Software angewandt und meint im Sinne der Open Source Definition, dass es jedem ermöglicht wird, Einblick in den Quelltext eines Programms zu haben, sowie die Erlaubnis zu haben, diesen Quellcode auch beliebig weiterzugeben oder zu verändern." [Wikipedia, 2006]
Im Folgenden werden die beiden lizenzfreien Learning Management Systeme moodle und ILIAS detailliert beschrieben und deren Vor- und Nachteile beleuchtet. Diese beiden Lernumgebungen gelten als die wichtigsten Wettbewerber zu den vorgestellten kommerziellen Produkten CLIX und WebCT und wurden daher zur näheren Betrachtung in dieser Arbeit ausgewählt.

7.2.1 moodle

Profil. moodle[8] wird seit 1999 von Martin Dougiamas entwickelt, der ursprünglich als Administrator für WebCT an der Curtin University for Technology in Perth (Australien) arbeitete und dabei bessere Möglichkeiten der Lernprozessunterstützung durch das Internet entdeckte. moodle steht für Modular Object Oriented Dynamic Learning Environment. Mittlerweile sind seit der Veröffentlichung der ersten stabilen Version von moodle im Jahr 2002 mehr als 13.000 Installationen registriert. Das Learning Management System unterstützt online Lernprozesse und hat sich im Einsatz an Hochschulen und Unternehmen bewährt. Die Weiterentwicklung der Lernplattform wird von einer stetig wachsenden moodle-Community vorangetrieben, die parallel Teilprojekte realisiert. moodle ist modular aufgebaut und lässt sich daher problemlos durch zahlreiche Lernmodule erweitern. Jährlich werden drei Updates des Systems veröffentlicht. [moodle.de, 2006]
Das Learning Management System moodle sowie alle Module, Informationen und Dokumentationen sind auf der Webseite [moodle, 2006] frei verfügbar.

---

[8] http://www.moodle.org

moodle basiert auf dem konstruktivistischen Lernkonzept (vgl. Kapitel 3.3), das davon ausgeht, dass jeder Lernvorgang auf vorhandenes Wissen und Lernerfahrungen aufbaut. [moodle.de, 2006]

Funktionen. moodle stellt eine große Anzahl von Funktionen zur Verfügung:
- Asynchrone und synchrone Kommunikationswerkzeuge: Chat, Diskussionsforen, persönliche Nachrichten etc.
- Auswahl zahlreicher Lernaktivitäten: Arbeitsmaterialien, Forum, Chat, Dialog, Journal, Aufgabe, Übung, Test, Workshop, Lektion, Abstimmung, Wiki, Umfrage, Glossar etc.
- Unterstützung von Gruppenarbeit durch Foren und Wiki-Funktion
- Verwaltung von Kursen und Teilnehmern
- Zahlreiche Übungen und Tests mit verschiedenen Fragetypen wie Multiple-Choice, Worteingabe, Zuordnung, Wahr/Falsch, Lückentext und Auswahlalternativen vorhanden.
- Integration zusätzlicher Module
- Individuelle Anpassung der Oberfläche durch Blöcke: Kalender, News, Archiv, „Wer ist online"?" etc.
- Benutzer-Tracking
- Automatische Datensicherung/Backup
- SSL-Verschlüsselung möglich
- Rollen- und Rechtemanagement
- Verwendung bereits vorhandener Materialien, Dokumente und Medien
- Überblick über die Aktivitäten der Teilnehmer
- Wiederverwendbarkeit von Kursen und Lerneinheiten
- Exportfunktion für Bewertungen
- Importfunktion für Testaufgaben (z. B. WebCT-Format, Blackboard-Format, Hot Potatoe-Format etc.)
- Unterstützung der Standards SCORM, AICC und XML
- Open Source-Plattform ermöglicht die Erweiterung um eigene Module
- Anpassung der Optik an das Corporate Design des Unternehmens
- Hohe Anpassbarkeit, Erweiterbarkeit und Skalierung

[moodle.de, 2006, Mitter, 2005]

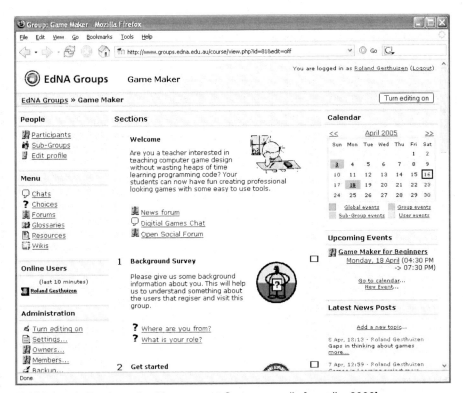

Abbildung 10: Das Learning Management System moodle [moodle, 2006]

Technik. Nachfolgend werden die benötigten und von moodle unterstützten Systemkomponenten aufgelistet [moodle, 2006]:
- Browser: Firefox, Internet Explorer, Safari, Konqueror etc.
- Webserver: ApacheWebserver 2.0 und MS Internet Information Server 4.0
- Datenbank-Server: MySQL, PostgreSQL, Oracle, Access, Interbase etc.
- Betriebssysteme: Linux, Windows, Mac OS X und Netware 6
- Hypertext Präprozessor: PHP 4.3+

Kosten. Der offizielle deutsche Partner von moodle und Betreiber der deutschen Internetseite ist die DIALOGE Beratungsgesellschaft[9] in Bonn. Obwohl die Lernplattform

---
[9] http://www.moodle.de

moodle lizenzfrei ist, sind mit dem Einsatz in einem großen Unternehmen doch einige Kosten verbunden. DIALOGE bietet den kompletten Service zur erfolgreichen Nutzung von moodle - von der Einsatzplanung über die technische Unterstützung, die Schulung und Beratung der Trainer, den Anwendungssupport bis hin zur Entwicklung von Lerninhalten. Für ein solches Angebot beträgt der einmalige finanzielle Aufwand je nach Umfang zwischen 10.000€ und 20.000€. Bei der regelmäßigen Erstellung von Lerninhalten und der Nutzung eines Systemsupports steigen diese Kostenaufwendungen natürlich an.

Bewertung. moodle stellt als Open Source Learning Management System eine gute und qualitativ hochwertige Alternative zu kommerziellen Produkten dar. Auf den ersten Blick bietet moodle nahezu denselben Funktionsumfang wie CLIX und WebCT, im Detail sind die einzelnen Funktionen weniger umfangreich. Dafür ist die Einarbeitungszeit der Benutzer wesentlich kürzer - eine einfache und intuitive Bedienbarkeit des Systems ist dadurch gewährleistet. Ein enormer Vorteil gegenüber den kommerziellen LMS ist die Tatsache, dass moodle kostenfrei erhältlich ist. Trotzdem arbeiten seither viele Entwickler an Verbesserungen des Systems, sorgen für neue Updates und gewährleisten den Betrieb des Systems. moodle lässt sich problemlos mit einigen Kenntnissen im Betrieb von Webservern und Datenbanken innerhalb einer Stunde installieren. Auch die Systemkomponenten sind kostenfrei verfügbar. Für eine optimale Bewertung der Lernplattform konnten daher verschiedene Versionen von moodle lokal installiert und detailliert untersucht werden. Obwohl es sich bei moodle um Open Source Software handelt, müssen Unternehmen nicht auf Service und Support verzichten: moodle besitzt ein internationales Netzwerk von Partnerunternehmen, die Serviceleistungen anbieten. Der modulare Aufbau von moodle ermöglicht die einfache Erweiterung des Systems. Ein Nachteil von moodle ist die fehlende Medienbibliothek, es gibt kein kursübergreifendes Dokumentenablagesystem. moodle unterstützt zwar mittels Wiki, Foren etc. das gemeinsame Lernen in der Gruppe, allerdings sind zusätzliche Funktionen wie Audio- und Videoconferencing, Application Sharing[10] und Whiteboard-Funktionen[11] nicht integriert.

---

[10] Dtsch. Anwendungsverteilung; hierbei werden Programme, Daten oder Objekte von zwei oder mehr Beteiligten gleichzeitig genutzt, indem der wechselseitige Zugriff auf einen PC oder die gemeinsame Arbeit auf einem Rechner ermöglicht wird[Wikipedia, 2006].
[11] Internetbasierte Whiteboard Software erlaubt verschiedenen Usern, miteinander zu zeichnen oder zu schreiben ohne dabei spezielle Hardware zu benötigen[Wikipedia, 2006].

7.2.2 ILIAS

Profil. ILIAS[12] steht für Integriertes Lern-, Informations- und Arbeitskooperations- System und wurde 1998 im Rahmen des VIRTUS-Projekts an der Universität von Köln entwickelt. Seit 2000 wird die kostenfreie Lernplattform von dem Entwickler-Netzwerk ILIAS opensource weiterentwickelt.

ILIAS ist ein webbasiertes Learning Management System für Hochschulen, Schulen, Weiterbildungseinrichtungen und Unternehmen. Die Entwicklung und Konzeption von ILIAS zielen vor allem darauf ab, Kosten für den Einsatz neuer Medien in der Weiterbildung zu senken und den Benutzern gleichzeitig möglichst hohen Einfluss auf die Gestaltung der Plattform zu bieten. ILIAS ermöglicht eine effiziente Erstellung und Verwaltung von Kursmaterialien und unterstützt Lern- und Arbeitsprozesse mit zahlreichen Funktionen.

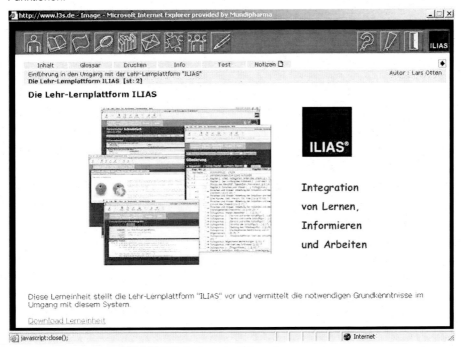

Abbildung 11: Das Learning Management System ILIAS [ELAN, 2006]

---

[12] http://www.ilias.de

Das Open Source Produkt, ergänzende Informationen und Dokumentationen sind kostenlos auf der Webseite www.ilias.de erhältlich.

Die Lernplattform ILIAS setzt das konstruktivistische Lernkonzept (vgl. Kapitel 3.3) um und lässt dabei Formen des geführten und selbstgesteuerten Lernens zu. [Wikipedia, 2006, Ilias, 2006, Baumgartner et al., 2002]

Funktionen. ILIAS stellt eine große Anzahl von Funktionen zur Verfügung:

- Asynchrone und synchrone Kommunikationswerkzeuge: Chat, Diskussionsforen, Mailinglisten, FAQ-Listen, persönliche Nachrichten, Up- und Download sowie Austausch von Dokumenten per Container Modul, Schnittstelle zu virtuellem Klassenraum (iLinc)
- Persönlicher Schreibtisch: Anzeige der belegten Lernmodule, Kalender, Visitenkarte, Notizen, Terminplaner, "Wer ist online?"-Funktion, Übersicht über eigenen Lernfortschritt etc.
- Einfache integrierte Autorenumgebung zur Erstellung von WBTs
- Zeitgesteuerte und test-sensitive Freigabe von Lernmaterialien
- Sammlung aller Lernmaterialien in einem Magazin
- Drei verschiedene Inhaltsmodule: Lernmodule, Glossare und digitale Bücher
- Unterstützung der Standards SCORM 1.2, AICC, IMS QTI und HTML
- Zahlreiche Übungen und Tests mit verschiedenen Fragetypen wie Multiple-Choice, Single-Choice, Zuordnung, Anordnung, Lückentext, Hot Spot, Drag&Drop und offene Fragen vorhanden
- Auswertungen im Excel- oder CSV-Format exportierbar
- Flexibles rollenbasiertes Rechtesystem
- Unterstützung von Gruppenarbeit: Container für kooperative Bearbeitung von Dateien
- Flexible Anpassung des grafischen Designs über Templates/Skins
- Benutzer-Tracking: ein- und abschaltbar
- Hohe Anpassbarkeit, Erweiterbarkeit und Skalierung
- SSL-Unterstützung ist möglich
- Unterstützung aller Standardobjekttypen

[Ilias, 2006, Mitter, 2005]

Technik. Nachfolgend werden die benötigten und von ILIAS unterstützten Systemkomponenten aufgelistet [Ilias, 2006]:

- Browser: Internet Explorer5.5+ und Netscape Navigator 7.0+
- Webserver: Apache Webserver 1.3.29+
- Datenbank-Server: MySQL 4.0.16
- Betriebssysteme: Linux und Sun Solaris (Windows und MacOS möglich, wird aber nicht unterstützt)
- Hypertext Präprozessor: PHP 4.3.4

Zusätzlich ist weitere Software für spezielle Funktionen notwendig:
- Kompressions-Library: Zlib 1.1.4
- Library für GD und ImageMagick: IJG JPEG 6b und libpng 1.2.5
- Grafik-Library für PHP: GD 1.8.4
- Grafik-Tool: ImageMagick 4.2.9
- Komprimierungs-Tool: Info-ZIP Zip 2.3
- Dekomprimierungs-Tool: Info-ZIP Unzip 5.50
- XML-C-Parser: libxml2 2.5.11
- XML-C-Bibliothek: libxslt 1.0.33
- XML-Parser: libexpat 1.95.5
- XSLT-Prozessor: Sablotron 1.0
- Pear-Packete (ab PHP 4.3.4 nötig)

Kosten. ILIAS ist ein Open Source-Produkt und unterliegt der GNU General Public Licence[13]. Die Installation der Software ist kostenfrei. Es existieren allerdings Partnerunternehmen, die Supportleistungen für ILIAS anbieten. Die Qualitus GmbH[14] wurde im Jahr 2000 von Mitarbeitern der Universität Köln gegründet und bietet seitdem Schulungen, Trainings, Workshops und individuelle Anpassungen bzw. Weiterentwicklungen des Systems an.

Bewertung. Das Learning Management System ILIAS kann durchaus mit kommerziellen Systemen mithalten und bietet nahezu denselben Funktionsumfang. Ein Vorteil gegenüber den proprietären Systemen ist natürlich die kostenfreie Verfügbarkeit und der offen zugängliche Quellcode, so dass die Software prinzipiell von jedem Nutzer verändert und

---

[13] Die GNU General Public License (GPL) ist eine von der Free Software Foundation herausgegebene Lizenz für die Lizenzierung freier Software [Wikipedia, 2006].
[14] http://www.ilias-support.de

weiterentwickelt werden kann. Dennoch gibt es zahlreiche internationale Partner, die Dienstleistungen für ILIAS anbieten.

Die im Abschnitt Technik beschriebenen notwendigen Systemkomponenten weisen bereits darauf hin, dass der Installationsaufwand enorm hoch ist und bis zu 10 Stunden dauern kann. Ohne technische Kenntnisse ist die komplexe Installation kaum zu bewerkstelligen.

Die Benutzeroberfläche und die Menüführung sind nicht sehr intuitiv, daher fordert das System eine hohe Einarbeitungszeit der Nutzer. Die Default-Optik ist nicht sehr ansprechend, kann aber durch Templates verändert werden.

ILIAS verfügt über eine große Anzahl von Referenzen an Hochschulen, im Unternehmensbereich ist der Einsatz jedoch noch nicht sehr verbreitet.

7.3 Übersicht

Die folgende Tabelle zeigt einen direkten Funktionsvergleich der in den vorherigen Kapiteln vorgestellten kommerziellen und lizenzfreien Learning Management Systeme.

Funktionen	CLIX	WebCT	moodle	ILIAS
Kommunikation				
Chat	+	+	+	+
Diskussionsforen	+	+	+	+
E-Mail	+	+	+	+
Persönlicher Desktop	+	+	-	+
Whiteboard	+	+	-	-
Konferenzsystem	+	+	-	-
Administration				
Rollenmanagement	+	+	+	+
Teilnehmerverwaltung	+	+	+	+
Konfiguration der Lernplattform	+	+	+	+
Kursverwaltung				
Rollenmanagement	+	+	+	+
Teilnehmerverwaltung	+	+	+	+
Statistikwerkzeuge	+	+	+	+
Benutzertracking	+	+	+	-
Notenverwaltung	+	+	+	+
Gruppeneinteilung	+	+	+	+

Tests und Übungen				
Versch. Aufgabentypen	+	+	+	+
Ergebnisübersicht	+	+	+	+
Benutzer				
Personalisierter Kurskatalog	+	+	+	+
Profilbearbeitung	+	+	+	+
Persönlicher Kalender	+	+	+	+
Übersciht über Bearbeitungsstatus	+	+	-	-
Kursanmeldung	+	+	+	+
Punkteübersicht	+	+	+	+
Standards				
SCORM	+	+	+	+
AICC	+	+	+	+
IMS	+	+	+	+
Technik				
Erweiterbarkeit	+	+	+	+
Skalierbarkeit	+	+	+	+
Anpassung	+	+	+	+
Kompatibilität mit Autorensystem	+	+	+	+
Benutzerverwaltungsintegration	+	+	+	+
Zusätzliches				
Skill-Management	+	-	-	-
Veranstaltungsmanagement	+	-	-	-
Integriertes Autorenwerkzeug	-	-	-	+
Medienbibliothek	+	+	-	+
Umfangreiche Lernaktivitäten	-	-	+	-
Standardobjekttypen-Unterstützung	+	+	+	+
SSL-Verschlüsselung	+	+	+	+
Ansprechende Optik	+	+	+	-

Tabelle 1: Funktionsvergleich der untersuchten LMS

8 Autorenwerkzeuge

8.1 Definition

"Autorensysteme sind Entwicklungswerkzeuge für die Erstellung von digitalen Lernangeboten. Ihr Zweck besteht darin, Inhalte für ein Lernangebot zu erstellen und aufzubereiten. Sie bieten [..] die Möglichkeit, Inhaltsunterlagen für das Netz oder eine CDROM zu entwickeln." [Wikipedia, 2006]

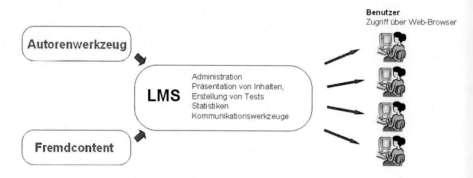

Abbildung 12: LMS und Autorenwerkzeuge (nach [Häfele et al., 2002])

Die meisten Learning Management Systeme verfügen über kein internes Autorenwerkzeug, mit dem Lerninhalte erstellt werden können. Da diese Funktionalität nicht zum Aufgabengebiet einer Lernplattform gehört, gibt es zahlreiche externe Autorenwerkzeuge, mit denen sich gezielt Lernmodule erzeugen lassen. Die Learning Content Autorenwerkzeuge lassen sich in 6 Gruppen aufteilen und unterscheiden sich durch ihren Funktionsumfang und den Einarbeitungsaufwand der Benutzer:

- **Professionelle Autorenwerkzeuge:** Mit Autorensystemen wie Macromedia Authorware[15] oder SumTotal Toolbook Instructor[16] können professionelle Multimedia-Produkte erstellt werden. Diese Autorenwerkzeuge eignen sich

---

[15] http://www.adobe.com/products/authorware

[16] http://www.toolbook.com

auch zur Konzeption von WBTs, wobei hier mit einem enormen Einarbeitungsaufwand der Benutzer zu rechnen ist.

- **WYSIWYG-HTML-Editoren:** WYSIWYG steht für What You See Is What You Get und bedeutet, dass Autoren einfache Texte mit Bildern in einem Editor erstellen und die Dokumente in die entsprechenden HTML-tags gesetzt werden. Die bekanntesten WYSIWYG-HTML-Editoren sind Macromedia Dreamweaver[17] und Microsoft Frontpage[18], die jedoch nicht unbedingt geeignet sind, um WBTs zu erstellen und die Standards AICC oder SCORM zu exportieren. Diese Programme können aber durch entsprechende Plug-ins um die genannten Funktionalitäten erweitert werden.

- **Rapid Content Development Tools:** Die Rapid Content Development Tools gehören zu der neusten Generation der Autorenwerkzeuge, die einen geringen Einarbeitungsaufwand seitens der Benutzer fordern, aber durchaus professionelle Ergebnisse liefern. Diese Werkzeuge stellen Schablonen für die einzelnen Seiten eines WBTs zur Verfügung und unterstützen die Standards AICC und SCORM. EasyProf[19] und Lectora Publisher[20] gehören beispielsweise zu diesen Autorenwerkzeugen.

- **Live Recording Systeme:** Live Recording Systeme ermöglichen die Aufzeichnung von Präsentationen jeder Art. Die entstandenen Audio- und Video-Dateien lassen sich natürlich nachbearbeiten. Ein bekanntes Live Recording Werkzeug ist die IMC Lecturnity Suite[21].

- **Screen Movie Recorder:** Mit Screen Movie Recorder wie dem Camtasia Studio[22] lassen sich problemlos Präsentationen oder andere Bildschirmereignisse aufzeichnen, nachbearbeiten, vertonen und als Flash exportieren.

- **Content Converter:** Mit sogenannten Content Convertern können bereits existierende Textdokumente einfach und effektiv in HTML-Dateien

---

[17] http://www.adobe.com/products/dreamweaver

[18] http://www.microsoft.com/frontpage

[19] http://www.easyprof.de

[20] http://www.courseware.nl/producten/ontwikkeltools/lectorapublisher

[21] http://www.lecturnity.de

[22] http://www.camtasiastudio.com

umgewandelt werden. Das Learning Management System CLIX enthält standardmäßig ein solches Werkzeug. [Häfele at el., 2005]

8.2 Autorenwerkzeuge im Vergleich

Die im Kapitel 8.1 erläuterte Einteilung der Autorenwerkzeuge weist bereits auf die Vielzahl solcher Werkzeuge hin, mit denen sich professionelle Lernmodule zum Import in ein Learning Management System erstellen lassen. Im Folgenden sollen nun zwei dieser Systeme näher beschrieben werden, die den Anforderungen von Mundipharma entsprechen und die Zwecke im Unternehmen erfüllen können.

8.2.1 ToolBook

Das professionelle Autorenwerkzeug ToolBook von SumTotal ist in zwei verschiedenen Versionen erhältlich: ToolBook Assistent und ToolBook Instructor. Das sehr leistungsstarke und flexible Werkzeug ermöglicht die Erstellung von WBTs, CBTs, interaktiven E-Learning-Inhalten und Softwaresimulationen. ToolBook verfügt über einen umfangreichen Fragentypenpool, einen Assistenten zum Erstellen von Kursen, einen Web Publishing-Assistenten, Vorlagen für Seiten und Kurse, einen WYSIWYG-Editor, eine kontextsensitive Hilfe, szenarienbasierte Anleitungen, einen Katalog mit vorprogrammierten Objekten und viele weitere Funktionen. Dieses enorme Funktionsangebot erfordert allerdings einen hohen Einarbeitungsaufwand seitens der Benutzer. Der erstellte Inhalt wird im SCORM 1.2-, SCORM 2004- oder AICC-Standard zum Import in zahlreiche Learning Management Systeme veröffentlicht.
ToolBook Instrucotor bietet einen höheren Funktionsumfang als ToolBook Assistent und eignet sich daher vor allem für technisch versierte Benutzer. [ToolBook, 2006]

Bewertung. Das Autorenwerkzeug ToolBook Assistent eignet sich durch den einfachen Drag&Drop-Mechanismus hervorragend für technisch weniger versierte Benutzer und liefert dennoch professionelle Ergebnisse. Ein Nachteil des Systems ist das fehlende deutsche Sprachpaket, dessen Mangel die Bedienbarkeit erheblich erschwert.

Leider konnten die mit ToolBook erstellten SCORM 1.2 Lernmodule nicht in das Learning Management System moodle integriert werden. Der Anbieter konnte dazu keine Auskunft geben, da mit moodle bisher nicht kooperiert wurde.

8.2.2 EasyProf

Das Autorenwerkzeug EasyProf ist ein leistungsstarkes System der Daten und Dokumentation GmbH[23] in Freilingen, das in die Kategorie der Rapid Content Development Tools (vgl. Kapitel 8.1) einzuordnen ist. Lernmodule können über eine intuitive Benutzeroberfläche ohne zusätzliche Programmierkenntnisse einfach und professionell erstellt werden. Alle Aktionen und Interaktivitäten lassen sich menügeführt aufrufen. EasyProf ermöglicht die Integration von Video-, Audio- und Flashdateien und stellt zahlreiche Templates, Vorlagen und einen umfangreichen Fragentypenpool zur Verfügung.

EasyProf bietet verschiedene Inhaltselemente an, die mittels Drag&Drop auf der Arbeitsfläche platziert werden können. Dazu gehören Linien und Formen, Bilder und Grafiken, verschiedene Medien, Textfelder, Tabellen, Schaltflächen, Inhaltsverzeichnis, Glossar, Timer, Navigation, Kursverlauf, „mail-to"-Funktion etc. Wird in einem von EasyProf erzeugten Kurs ein Test mit mehreren Fragen integriert, so existieren mehrere Möglichkeiten zur Ergebnisbehandlung. Die Ergebnisse lassen sich am Ende des Kurses anzeigen, die Bewertung kann nach Prozent oder Punkten erfolgen, die Anzahl der Versuche und die Zeit sind anzugeben, ein individuelles Feedback pro Frage oder eine Gesamtbewertung sind möglich. Die Lernmodule lassen sich im HTML-, XML- oder SCORM-Format veröffentlichen. Die Ergebnisse können in die Bewertung im Learning Management System übernommen werden. [EasyProf, 2006]

Bewertung. Das Autorensystem EasyProf ist mit einigen Vorkenntnissen einfach zu bedienen und ermöglicht die schnelle Erzeugung LMS-kompatibler Lernmodule. EasyProf arbeitet mit moodle zusammen, so dass die problemlose Integration des SCORM-Standards gewährleistet ist.

---

[23] http://www.daten-dokumentation.de/

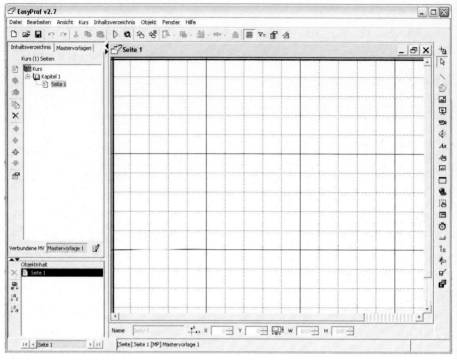

Abbildung 13: Autorenwerkzeug: EasyProf

Teil IV
Prototypische Umsetzung im Unternehmen

Teil IV der Arbeit beschäftigt sich mit der prototypischen Umsetzung im Unternehmen Mundipharma.

Im Kapitel 9 wird die konkrete Situation bei Mundipharma beschrieben. Dabei wird auf die Voraussetzungen im Unternehmen eingegangen.

Das Kapitel 10 beinhaltet die Konzeption einer E-Learning-Umgebung bei Mundipharma. Neben Aspekten des Projektmanagements wird hier eine Analyse von Problem, Bedarf, Inhalt und Zielgruppe durchgeführt und ausgewertet. Im Weiteren werden die Anforderungen der Trainings- und IT-Abteilung an das zu verwendende Learning Management System aufgezählt.

Das Kapitel 11 enthält die Begründung für die Auswahl der Lernplattform.

9 Voraussetzungen

Mundipharma hat sich seit der Firmengründung 1967 zu einem der führenden mittelständischen Pharmaunternehmen entwickelt und sich besonders auf dem Gebiet der Schmerztherapie einen Namen gemacht.

Neben dem großen Engagement in der Schmerztherapie werden durch intensive Forschungen nach neuen, besser verträglichen und innovativen Arzneimitteln auch in der Palliativmedizin, der Onkologie und der Wundheilung Standards gesetzt. Mundipharma ist Initiator zahlreicher Forschungsprojekte, arbeitet gemeinsam mit Selbsthilfeorganisationen wie der Deutschen Schmerzliga e.V.[24] und veranstaltet nationale und internationale Symposien mit renommierten Experten. [Mundipharma, 2006]

Seinen Standort hat Mundipharma in Limburg an der Lahn, dort arbeiten rund 350 Mitarbeiter. Weitere ca. 400 Mitarbeiter sind deutschlandweit im Außendienst tätig. Gerade im medizinischen Sektor sind Fort- und Weiterbildungen der Mitarbeiter unerlässlich. Gesetzlich festgelegte Qualifikationen, schneller Wandel des Wissens, gewisse Fluktuation der Mitarbeiter, neue Standards und aktuelle Produkteinführungen machen es erforderlich, dass die Innendienst- und Außendienstmitarbeiter regelmäßig geschult werden. Die Trainings- und Schulungsabteilung übernimmt die Rolle des Lehrers bzw. Fortbilders bei Mundipharma. So werden Tagungen, spezielle Produktschulungen und Seminare organisiert, um das Wissen der Mitarbeiter aufzubauen und zu aktualisieren. Die große und vor allem stetig wachsende Zahl der Außendienstmitarbeiter führte im Unternehmen zu den Überlegungen, eventuell kostengünstigere, effizientere und schnelle Möglichkeiten der Schulung zu finden und anschließend zu realisieren. Daher wird angestrebt, die Mitarbeiter zukünftig online fortzubilden - den Anforderungen entsprechend eignet sich hierfür am besten ein Learning Management System (vgl. Kapitel 7).

Die Planung und Umsetzung dieser Idee wird in den folgenden Kapiteln beschrieben.

---

[24] http://www.schmerzliga.de

10 Planung und Konzeption

Für die Planung des Einsatzes einer multimedialen Lernumgebung im Unternehmen Mundipharma liefert das in Kapitel 4.3 beschriebene PADDIQ-Modell die konzeptionelle Grundlage. Die bereits theoretisch beschriebenen Phasen Projektmanagement, Analyse und Design werden dabei besonders berücksichtigt und in der Praxis angewandt.

10.1 Projektmanagement

Die Planung einer Lernplattform beginnt stets mit dem Projektmanagement. Diese Phase der Entwicklung ist in einem großen Unternehmen von enormer Bedeutung und zieht sich durch den gesamten Projektverlauf. Die Qualität des Projektmanagements ist ausschlaggebender Faktor für den Erfolg des Projektes und damit für den künftigen Einsatz eines Learning Management Systems zur Online-Fortbildung der Außendienstmitarbeiter. Wie in Kapitel 4.4 ausführlich erläutert, kann die Projektplanung in drei Anforderungen unterteilt werden: der Projektrahmen, die Zeitplanung und die Budgetierung. [Niegemann, 2004]

10.1.1 Projektrahmen

Zu Beginn ist es notwendig, das Netz aller Beteiligten und Entscheidungsträger zu bestimmen, diese zu informieren und regelmäßig über aktuelle Entwicklungen des Projektes auf dem Laufenden zu halten. Der Projektrahmen sowie Absichten und Ziele müssen abgesteckt, Verantwortlichkeiten erteilt und mit allen Abteilungen sowohl im Vorfeld als auch im Laufe des Projektes abgesprochen werden.

Trainings- und Schulungsabteilung. Die Trainings- und Schulungsabteilung ist bei Mundipharma für die Fort- und Weiterbildungsmaßnahmen speziell der Außendienstmitarbeiter zuständig. Diese Abteilung ist daher maßgeblicher Entscheidungsträger für Abläufe im Lernprozess. Sie tragen die Kosten für das Learning Management System und den damit verbundenen zusätzlichen finanziellen Aufwand.

Inhaltliche und didaktische Anforderungen an die Lernplattform werden größtenteils vom Team der Trainings- und Schulungsabteilung aufgestellt. Nach der Einführung des E-Learning-Systems bei Mundipharma wird die Trainings- und Schulungsabteilung für die Kursentwicklung und die Betreuung der Teilnehmer der Online-Fortbildung verantwortlich sein. Testauswertungen und Ergebnisse werden verwaltet und gezielt an entsprechende Stellen weitergeleitet.

Kommunikationsabteilung. Die Projektidee, eine E-Learning-Plattform für die Fortbildung der Außendienstmitarbeiter einzuführen, wurde ursprünglich von der Kommunikationsabteilung entwickelt. Hier liegt auch die Verantwortung für alle Internetauftritte und das Intranet im Haus. Da es sich bei einem Learning Management System um eine Online-Plattform handelt, ist die Kommunikationsabteilung in den kompletten Projektverlauf involviert und beteiligt sich an zahlreichen Entscheidungsprozessen.

IT-Abteilung. Die IT-Abteilung ist für den technischen Teil bei der Planung der Einführung einer Lernplattform im Unternehmen zuständig. Aufgrund gewünschter hoher Verfügbarkeit des Systems und mangelnder personeller Ressourcen soll das LMS bei einem externen Provider gehostet werden. Dennoch hat die IT-Abteilung ein hohes Mitspracherecht bezüglich der Anforderungen an ein solches System - vor allem hinsichtlich der Sicherheitsbedingungen - und hat sich deshalb gegen die Anbindung des LMS an ein LDAP (Lightweight Directory Access Protocol) ausgesprochen. Die Benutzer- und Passwortverwaltung muss nun manuell geschehen und ist nicht Teil des automatischen Workflows im Mundipharma-System. Mitarbeiter der IT-Abteilung sind Administratoren des Systems und damit erster Ansprechpartner bei technischen Fragen.

Personalentwicklung. Bei Mundipharma liegt die Verantwortung für die Fortbildung der Außendienstmitarbeiter in der Trainings- und Schulungsabteilung und nicht in der allgemeinen Personalentwicklung. Diese ist jedoch dafür zuständig, eine Betriebsvereinbarung für den geplanten Einsatz von E-Learning auszuhandeln. In einem mittelständischen Unternehmen wie Mundipharma ist es notwendig, mit dem Betriebsrat im Vorfeld eines Projektes bestimmte Eckpunkte abzuklären. E-Learning wird klar als ergänzende Maßnahme zu Präsenzseminaren und anderen Fortbildungsveranstaltungen gesehen. Die Lernzeit mit E-Learning wird als Weiterbildung betrachtet und gehört damit zur Pflicht und geregelten Arbeitszeit eines Außendienstmitarbeiters. Die Ergebnisse der Tests eines Mitarbeiters werden vertraulich gegenüber den anderen Mitarbeitern behandelt, jedoch bekommt der direkte Vorgesetzte eine Auswertung der Testergebnisse seiner Mitarbeiter. Obwohl die Teilnahme verpflichtend sein soll, erfährt der Mitarbeiter bei Nicht-Teilnahme zunächst keine direkten Konsequenzen. Allerdings kann sich das Lernverhalten eines Mitarbeiters natürlich positiv oder negativ auf eine zukünftige Verhaltensbeurteilung und Gehaltsfindung auswirken.

Geschäfts- und Außendienstleitung. Bei jedem Projekt sollte die Geschäftsleitung und in diesem speziellen Fall auch die Außendienstleitung rechtzeitig über die Rahmenbedingungen und Ziele aufgeklärt werden – zumal die endgültige Entscheidungsgewalt bei diesen Beteiligten liegt. Das Bewusstsein der Notwendigkeit eines solchen Projektes ist bei Mundipharma bereits vorhanden. Im Readiness-Check des Unternehmens (vgl. Kapitel 10.2) wird deutlich, dass die Geschäftsleitung vollkommen hinter der Idee der Online-Fortbildung für Außendienstmitarbeiter steht und generell innovative Entwicklungen fördert.

Betriebsrat. Auch in einem privaten Unternehmen ist der Einfluss des Betriebsrates nicht zu unterschätzen. Daher sollte der Betriebsrat mit Beginn des Projektes regelmäßig über Absichten und Ziele informiert werden. Die Geschäftsleitung und die Trainings- und Schulungsabteilung streben an, die Teilnahme an den Kursen im LMS für jeden Außendienstmitarbeiter verpflichtend zu machen. Dazu ist unbedingt eine Betriebsratsvereinbarung notwendig, die regelt, wie Informationen über Testergebnisse behandelt werden und wie sich das E-Learning in bestehende Arbeitsabläufe der Außendienstmitarbeiter integrieren lässt.

Infocenter und IT-Hotline. Die Mitarbeiter - sowohl auf Teilnehmer als auch auf Autorenseite - müssen während des Einsatzes einer Lernplattform technisch und inhaltlich betreut werden. Die technische Verantwortlichkeit liegt bei der IT-Abteilung und deren IT-Hotline. Im Falle einer Überstrapazierung dieser technischen Notfall-Hotline kann die Unterstützung auch durch einen externen Dienstleister in Anspruch genommen werden. Inhaltlich werden die Teilnehmer von den Trainern und Assistenten der Trainings- und Schulungsabteilung betreut. Allerdings stellt das medizinische Infocenter, das ganztägig telefonisch Ärzte und Patienten berät, einen sinnvollen zusätzlichen inhaltlichen Ansprechpartner für die Außendienstmitarbeiter dar.

Teilnehmer. Die Teilnehmer an den Online-Kursen sind im ersten Schritt der Einführung die Außendienstmitarbeiter, wobei sich Fortbildungen über eine Lernplattform natürlich auch für Innendienstmitarbeiter speziell im Bereich IT-Kenntnisse eignen. Die Teilnehmer werden frühzeitig über das neue Projekt informiert.

10.1.2 Zeitplanung

Die Zeitplanung des Projektes ist direkt an die Markteinführung eines neuen Medikaments geknüpft. So können die Außendienstmitarbeiter zusätzlich zu ihren Präsenzseminaren über die Lernplattform fortgebildet und abgeprüft werden.

10.1.3 Budgetierung

Die Initiative für die Fortbildung von Mitarbeitern über ein E-Learning- System stammt von der Trainings- und Schulungsabteilung. Obwohl diese Plattform sicherlich zukünftig auch von anderen Abteilungen genutzt werden wird, übernimmt die Trainings- und Schulungsabteilung die Anschaffungs- und Nebenkosten eines solchen Systems.

10.2 Analyse

Zu Beginn des Einführungsprozesses eines Learning Management Systems sollte eine sorgfältige Analyse erfolgen, welche die strategische, organisatorische und technische Ausgangssituation im Unternehmen berücksichtigt. Der Learning Management Check ist eine systematische und schnelle Erhebung der Learning Management Readiness des Unternehmens. Dazu wurde mit dem Unternehmen Mundipharma der E-Learning Readiness Check der digital spirit GmBH nach Kriterien von Marc. J. Rosenberg durchgeführt [Readiness Check, 2006].

Der komplette Test der E-Learning Strategie von Mundipharma befindet sich im Anhang B. Der E-Learning-Check ist in sieben inhaltliche Gruppen unterteilt: die Bereitschaft der Firma, die Veränderungen im Lernen und E-Learning, der Wert des Instruktions- und Informationsdesigns, das Change-Management, die Neudefinition des Weiterbildungsbereichs, die E-Learning-Industrie und das persönliche Engagement im Unternehmen. Es wird die Bereitschaft des Unternehmens, neue Technologien einzusetzen, geprüft. Mundipharma setzt auf neue Medien und Digitalisierung einiger Geschäftsprozesse. Das Bewusstsein der Veränderung im Lernprozess mit dem Einsatz von E-Learning muss ermittelt werden. Das Unternehmen möchte E-Learning zukünftig als Ergänzung zur Fortbildung der Außendienstmitarbeiter einsetzen, Mundipharma ist sich folglich des Lernprozesswandels bewusst. In diesem Changeprozess ist es notwendig, dass das Unternehmen über eine Strategie bei der Einführung einer Lernplattform verfügt. Mundipharma möchte die ELearning-Umgebung im ersten Schritt einsetzen, um die Akzeptanz und den Lernerfolg zu ermitteln. Bevor E-Learning fest in die Bildungsstruktur integriert wird, bekommen die Mitarbeiter eine Übergangsphase geboten, in der noch keine Präsenzseminare entfallen.

Die Auswertung des Fragebogens zeigt, dass Mundipharma gute Voraussetzungen hat und die Einführung von E-Learning gezielt und ergebnisorientiert angeht. An einigen Stellen besteht sicherlich noch Verbesserungsbedarf, allerdings steht das Management vollkommen hinter der Einführung von E-Learning als langfristige Fortbildungsmaßnahme für Innen- und Außendienst.

Im Kapitel 4.5 wird ausführlich beschrieben, dass ein wichtiger Teil bei der Konzeption von multimedialen Lernumgebungen die Analyse des Problems und des Bedarfs darstellt, genauso wie die der Zielgruppe, des Inhalts, der Ressourcen und des Einsatzkontexts. Nachfolgend werden die Ergebnisse der Analyse im Unternehmen Mundipharma dargelegt.

Problemanalyse. Eine E-Learning-Umgebung wird stets eingesetzt, um ein bestimmtes Problem zu lösen. Bei Mundipharma stellt die effektivere Fortbildung der Außendienstmitarbeiter die zu bewältigende Aufgabe dar. Mittels der Online-Weiterbildung soll den Mitarbeitern eine verpflichtende, zertifizierte Teilnahme geboten werden. Informationen, Wissen und Neuerungen von Produkten sollen schnell und einfach an alle Außendienstmitarbeiter kommuniziert werden. E-Learning soll den bisherigen Prozess der

Schulung ergänzen, ihn räumlich und zeitlich flexibler gestalten und eventuell Kosten reduzieren. Lernergebnisse sollen verbessert und eine Motivationssteigerung durch Interaktion erzielt werden. Das Unternehmen strebt in sämtlichen Bereichen nach Aktualität und möchte dafür den Einsatz neuer Medien im Weiterbildungsbereich vermehrt nutzen. Gerade im medizinischen Bereich muss häufig kurzfristig auf den Markt reagiert werden. Daher müssen die Außendienstmitarbeiter künftig schnell und umfassend geschult werden.

Bedarfsanalyse. Mit einer E-Learning-Plattform sollen bestimmte Kompetenzen bei der Zielgruppe aufgebaut werden. Die Außendienstmitarbeiter müssen Ärzte kompetent beraten und über Produkte, Arzneimittelsicherheit, Indikationen und Anwendungen informieren. Außerdem sind sie wesentlicher Träger von imagebildenden Aktivitäten des Unternehmens bei Ärzten, Krankenhäusern und Apotheken. [Kuckartz, 1998]
Zunächst soll E-Learning nur für die Vermittlung von Fachwissen über Produkte verwendet werden. Die Schulung von Sozial-, Handlungs- und Lernkompetenzen wäre in der zweiten Phase der Einführung eines Learning Management Systems denkbar.

Zielgruppenanalyse. Vor der Konzeption einer Lernplattform ist eine genaue Analyse der Zielgruppe erforderlich. Im Unternehmen Mundipharma sollen zunächst alle Außendienstmitarbeiter geschult werden und später eventuell auch Fortbildungen für Innendienstmitarbeiter angeboten werden. Die Lernmotivation und Selbstlernkompetenz der Mitarbeiter im Außendienst ist bisher eher gering, daher ist eine verpflichtende Teilnahme vorgesehen. Die zu schulenden Mitarbeiter bilden keine homogene Zielgruppe: der Bildungsstand ist aufgrund der fehlenden verpflichtenden Fortbildungen nicht identisch, außerdem sind die Mitarbeiter in der Vergangenheit in unterschiedlichen Zeitabständen geschult worden. Die Mitarbeitergruppen kennen sich persönlich, was beispielsweise eine mögliche Gruppenarbeit erleichtert. Die beruflichen Beziehungen untereinander sind verschieden: Es sollen sowohl Außendienstmitarbeiter als auch Gebietsverkaufsleiter und Regionalverkaufsleiter weitergebildet werden. Das könnte in ein unterschiedliches Kursangebot münden.

Inhaltsanalyse. Der Inhalt der Schulungen besteht hauptsächlich aus Produktinformationen.

Ressourcenanalyse. Die zur Verfügung stehenden Ressourcen müssen vor der Konzeption ermittelt werden.

Eine zu überprüfende Ressource sind die technischen Voraussetzungen: Alle Mitarbeiter verfügen über ein Notebook, 90% davon haben einen DSL-Zugang. Allerdings muss den verbleibenden 10% natürlich auch ein barriere-freier Zugang ermöglicht werden. Für diese Mitarbeiter müssen eventuell Sonderlösungen gefunden werden. Vorstellbar wären Gruppenarbeiten mit Mitarbeitern, die über einen DSL-Zugang verfügen oder die Möglichkeit des Zugriffs auf die Schulungsmaterialien über ein Internetcafé. Neben dem Netzzugang sind Hard- und Softwarekomponenten zu überprüfen. Das zu wählende LMS muss sich in die Systemlandschaft von Mundipharma integrieren lassen. Außerdem wird ein Autorenwerkzeug angeschafft, mit dem zukünftig Lernmodule selbst im Haus erstellt werden können. Zusätzlich ist vorgesehen, Content wie Animationen oder Videosequenzen bei Fremdanbietern einzukaufen.

Die personellen Ressourcen müssen analysiert werden. Da eine erhebliche Mehrarbeit für die Ausarbeitung und die Einstellung der Inhalte auf die Autoren zukommt, muss unter Umständen zusätzliches Personal eingestellt werden. Dies führt wiederum zu erhöhten personellen Kosten.

Daneben müssen auch zeitliche Ressourcen überprüft werden. In der ersten Phase der Einführung einer Lernplattform zur Fortbildung werden keine Präsenzseminare entfallen. Der zeitliche Aufwand für die Erstellung der Schulungsunterlagen wird daher steigen. Die E-Learning-Umgebung ist im Vorfeld bereits komplett in die Schulungsmaßnahmen für das neue Produkt integriert.

Zudem fallen zunächst zahlreiche Kosten an: Personalkosten, Softwarekosten für das LMS, Kosten für geplante Multimedialität wie Animationen, Filme und Fremdcontent. Außerdem verlangen Außendienstmitarbeiter wahrscheinlich einen Freizeitausgleich für den zusätzlichen zeitlichen Aufwand.

Einsatzkontextanalyse. Bei der Konzeption einer Lernplattform spielt auch der Einsatzkontext eine gewisse Rolle. Die Frage nach der Form des medialen Lernangebots kann bei Mundipharma ganz eindeutig beantwortet werden: Alle Mitarbeiter sollen die Lernangebote flexibel online nutzen können. Den Außendienstmitarbeitern steht ein Notebook zur Verfügung, von denen 90 % DSL-Internet-Zugang haben. Das Unternehmen ist in Deutschland eigenständig und unabhängig von den internationalen Partnern, es muss daher seinen Mitarbeitern das System nur auf Deutsch anbieten.

10.3 Anforderungen an das LMS

Es gibt zahlreiche Anforderungen der Trainings- und IT-Abteilung, die den Auswahlprozess des Learning Management Systems beeinflussen. Zusätzlich bestehen zahlreiche allgemeine Anforderungen, die im Kapitel 6.2 näher erläutert wurden. Die Anforderungen der Trainings- und Schulungsabteilung an das LMS werden nachfolgend aufgezählt:

- Es besteht ein Bildungs- und Informationsbedarf bei den Mitarbeitern. Durch Informationsmaterial soll zunächst Wissen aufgebaut und anschließend durch Tests abgeprüft werden.
- Eine kontrollierte Teilnahme der Mitarbeiter an den Online-Fortbildungen ist erforderlich und durch den Betriebsrat bestätigt.
- Das LMS soll zum Basistool für Fort- und Weiterbildungen der Außendienstmitarbeiter werden.
- Die Erstellung von Gruppen- und Benutzerkonten sollte für den Praxis-Außendienst, den Klinik-Außendienst, den Onkologie-Außendienst und den gesamten Innendienst möglich sein.
- In der ersten Phase der Fortbildung mit dem ausgewählten LMS müssen nur Außendienstmitarbeiter verpflichtend an den angebotenen Kursen teilnehmen.
- Die Datensicherheit muss unbedingt gewährleistet sein.
- Das Learning Management System sollte an das Corporate Design von Mundipharma anzupassen sein.
- Filme und Animationen müssen sich unproblematisch einbinden lassen.
- Den Lehrern und Trainern muss ein einfaches Autorentool zur Verfügung stehen - gegebenenfalls auch unabhängig vom Learning Management System.
- Eine Endbenutzer-freundliche Oberfläche ist wünschenswert.
- Die Mitarbeiter sollten eine Teilnahmebestätigung in Form eines Zertifikates bekommen, das allerdings nur bei erreichten 85% der Punkte ausgestellt wird - dies entspricht dem Firmenmaßstab für Schulungen.
- Die Wiederholbarkeit der Lerneinheiten durch den Mitarbeiter ist erwünscht.
- Umfangreiche und benutzerfreundliche Reporting Tools sind ein wichtiger Faktor für die Zeitersparnis, die mit einem Learning Management System langfristig angestrebt wird.

Die IT-Abteilung von Mundipharma stellt ebenfalls einige Anforderungen an das System, die im Folgenden aufgelistet sind:

- Die ausgewählte Lernplattform muss sich in die Systemlandschaft von Mundipharma eingliedern lassen.
- Open-Source-Systeme werden nur dann integriert, wenn entsprechender Systemsupport gewährleistet wird und ausreichend Referenzen vorhanden sind.
- Das LMS muss mit den Konfigurationen der Außendienst-Notebooks kompatibel sein.

11 Auswahl des LMS

Alle im Kapitel 7 beschriebenen und bewerteten Learning Management Systeme entsprechen sowohl den allgemeinen als auch den individuellen Anforderungen von Mundipharma.

Die beiden kommerziellen Systeme CLIX und WebCT ähneln sich in ihrem Funktionsangebot sehr. Die Konkurrenzprodukte sind marktführend: CLIX weist vor allem zahlreiche Referenzen im Unternehmensbereich auf und WebCT findet im Hochschulbereich eine hohe Verbreitung. Dies ist wohl hauptsächlich durch die Lizenzmodelle zu begründen.

CLIX hat den Funktionsumfang betreffend gegenüber WebCT jedoch einen Vorsprung. Das System verfügt über eine größere Zahl an Funktionen, Auswertungs- und Beeinflussungsmöglichkeiten im Lernprozess. Das Skill- und Kompetenzmanagement macht CLIX einzigartig.

Für Mundipharma stellt dieser enorme Funktionsumfang jedoch eher einen Nachteil dar. Die Einarbeitungszeit der Mitarbeiter steht hier in keinem positiven Verhältnis zum Nutzen. Eine hohe Anzahl der Mitarbeiter gehört zu einer Generation, in der das Internet und der Computer noch nicht zum täglichen Leben gehörten. Für sie ist das System einfach zu mächtig und unübersichtlich. Der hohe finanzielle Aufwand spricht ebenfalls gegen CLIX, da die Akzeptanz der Mitarbeiter für die neue Lernform noch nicht vollständig abgeschätzt werden kann. Außerdem wird sogar im Basispaket für zahlreiche Funktionen bezahlt, die bei Mundipharma nicht benötigt werden. Mundipharma möchte seine Mitarbeiter einfach und effektiv online schulen. Für diese Wünsche ist CLIX zu umfangreich und damit zu kostenintensiv.

Für WebCT gilt trotz des vergleichsweise günstigeren Lizenzmodells dasselbe. Das Kursregistrierungsmodell von WebCT macht die Budgetierung und Benutzung kompliziert und erhöht bei starker Auslastung des Systems die Kosten enorm. Außerdem wird WebCT nicht einmalig zum Kauf angeboten, sondern muss jährlich bezahlt werden.

Die Entscheidung für ein Open Source System liegt nach diesen Betrachtungen sehr nahe. Generell bestehen beim Unternehmen einige Bedenken gegen den Einsatz von Open Source Software, obwohl sie eine Reihe von Vorteilen gegenüber proprietären Systemen haben. Innerhalb einer Entwickler-Community besteht eine erhöhte Sicherheit, die die Produktqualität steigert. Durch die Offenlegung des Quellcodes sind Softwareteile wiederverwendbar und modifiziert in anderen Systemen einsetzbar. Durch den fehlenden Marktdruck wird das Produkt erst dann veröffentlicht, wenn die Entwicklung wirklich vollständig abgeschlossen ist und die Software stabil läuft. Das lizenzfreie System kann beliebig an die Bedürfnisse der Kunden angepasst werden und ist daher viel flexibler als kommerzielle Systeme. Die Produktpflege und der Support sind mittlerweile auch bei den großen lizenzfreien Learning Management Systemen durch Entwickler-Netzwerke gegeben. [Hohenstein et al., 2004]

Das Unternehmen Mundipharma hat durch den Einsatz des Content Management Systems Typo3[25] bereits grundlegende positive Erfahrungen mit kostenfreien Systemen gemacht. Der Einsatz eines Open Source Systems bringt natürlich ebenfalls Kosten für Training, Anpassung, Serviceleistungen, Hosting und Contenterstellung mit sich. Diese Kosten sind aber wesentlich geringer als die Anschaffungskosten eines kommerziellen LMS (vgl. Kapitel 7.1) und reduzieren damit das finanzielle Risiko, falls sich eine Lernplattform bei Mundipharma nicht als fester Bestandteil in der Mitarbeiterweiterbildung etablieren lässt.

Die beiden lizenzfreien Systeme moodle und ILIAS verfügen über einen großen Funktionsumfang, der mit dem der kommerziellen Systeme vergleichbar ist. moodle hat eine höhere Anzahl an Referenzen in dem für Mundipharma entscheidenden Unternehmensbereich als ILIAS. Letzteres findet seinen Einsatz vor allem in Hochschulen und anderen Bildungseinrichtungen. Auf der Basis der im Kapitel 10.2 geschilderten Nutzeranalysen und der oben beschriebenen jeweiligen Vor- und Nachteile verschiedener LMS ergab die Aufwand-Nutzen-Einschätzung die Empfehlung für Mundipharma, das LMS moodle einzuführen. Ausschlaggebend für diese Entscheidung waren die überzeugendere Optik, die einfache, intuitive Bedienbarkeit und der angemessene Installationsaufwand von moodle. Die Tatsache, dass moodle zur Zeit 14.282 registrierte Installationen in 162 Ländern besitzt (vgl. Abbildung 14), wobei viele Unternehmen sich nicht offiziell registrieren lassen und die Anzahl der internationalen moodle-Einsätze dadurch noch höher liegt, beweist die Qualität des Systems für webbasiertes Lernen und ist damit ein Kriterium für die Wahl von moodle.

Vergleich der individuellen Anforderungen von Mundipharma (vgl. Kapitel 10.3) mit den tatsächlichen Funktionen von moodle: Die Möglichkeit, den Benutzern sowohl Informationsmaterial zur Verfügung zu stellen als auch Wissen abzuprüfen, ist durch die

---

[25] http://typo3.org

zahlreichen Lernaktivitäten von moodle hervorragend umsetzbar. Dies kann durch die Lektionen-Lernaktivität oder durch das Einbinden unterschiedlicher Arbeitsmaterialien zum Wissensaufbau mit abschließenden Tests zur Wissensabfrage realisiert werden. Durch das Benutzer-Tracking kann die Teilnahme der Mitarbeiter kontrolliert werden.

Abbildung 14: Weltkarte von moodle [moodle, 2006]

Die Erstellung von Benutzer- und Gruppenkonten für die einzelnen Außendienstabteilungen ist umsetzbar. Die geforderte Datensicherheit kann durch die zusätzliche SSL-Verschlüsselung mit einem Zertifikat der Firma GeoTrust gewährleistet werden. Die Optik von moodle ist an das Corporate Design von Mundipharma anpassbar. Die Einbindung von Standardobjektformaten wird unterstützt. moodle bietet kein eigenes Autorenwerkzeug. Es gibt jedoch Anbieter von Autorensystemen, die ihr Produkt speziell an die Anforderungen von moodle angepasst haben. moodle verfügt über eine benutzerfreundliche Oberfläche und eignet sich damit auch für weniger versierte Benutzer. Die Anforderung einer Teilnahmebestätigung per Zertifikat bei einer erreichten Punktzahl von 85% ist durch das optionale Certificate- und Activity Locking-Modul realisierbar. Die Wiederholhäufigkeit von Übungen und Tests ist in den Einstellungen konfigurierbar. Die Ergebnisse werden umfangreich dokumentiert und sind nach Excel exportierbar.

Die Anforderungen der IT-Abteilung bezüglich Open Source Software können ebenfalls erfüllt werden. Der offizielle deutsche moodle-Partner, die DIALOGE Beratungsgesellschaft, gewährleistet einen Systemsupport. Das LMS ist mit den Außendienst-Notebooks kompatibel, da lediglich ein Browser zur Verfügung stehen muss, damit das System auf jedem Rechner genutzt werden kann.

Teil V
Bewertung

Teil V der Arbeit beschäftigt sich mit der Bewertung des für Mundipharma installierten Learning Management Systems moodle.

Im Kapitel 12 wird ein, für die Bewertung der Lernplattform durchgeführter, Benutzertest beschrieben. Außerdem werden der Fragebogen ausgewertet und die Ergebnisse präsentiert.

Das Kapitel 13 enthält eine Zusammenfassung und eine abschließende Betrachtung der Ergebnisse dieser Arbeit.

12 Benutzertest

Zum Abschluss des E-Learning-Projektes bei Mundipharma wurde ein Benutzertest durchgeführt, an dem insgesamt 20 Mundipharma-Mitarbeiter teilnahmen. 15 Mitarbeiter aus Innen- und Außendienst absolvierten den Benutzertest im Unternehmen. Weitere 5 Mitarbeiter des Außendienstes nahmen von zu Hause aus teil, damit auch Testergebnisse unter realen Bedingungen entstehen und ausgewertet werden können.
In dem Testdurchlauf sollten sich die Teilnehmer mit dem System vertraut machen. Es ging hierbei nicht darum, bestimmtes Wissen zu überprüfen, sondern die Funktionalitäten der Lernplattform zu testen. Die Teilnehmer sollten sich einige Zeit eigenständig mit der neuen Lernplattform und den Lernangeboten beschäftigen und dazu einen Fragebogen ausfüllen. Danach wurden gemeinsam Probleme und Verbesserungswünsche besprochen. Die Fernteilnehmer bekamen die Möglichkeit, ihre Fragen und Probleme nach dem Benutzertest telefonisch zu äußern.
In den folgenden beiden Kapiteln wird der Fragebogen vorgestellt und anschließend ausgewertet.

12.1 Fragebogen

Die Teilnehmer des Benutzertests wurden gebeten, einige Fragen schriftlich zu beantworten, damit die Ergebnisse besser festgehalten und ausgewertet werden können.
Als erstes wurde auf dem Fragebogen zwischen Innen- und Außendienstmitarbeitern unterschieden. Da in der ersten Phase des Projektes zunächst nur Mitarbeiter des Außendienstes mit der Lernplattform „Mundi Academy" weitergebildet werden sollen, wäre ihre Meinung im Zweifelsfall natürlich entscheidend. Um den Stellenwert bestimmter Aussagen besser einschätzen zu können, wurden vorab einige Fragen zu den persönlichen Erfahrungen mit Online-Lernen gestellt. Der Mitarbeiter sollte sich dazu äußern, ob ihm der Begriff E-Learning bekannt ist, ob er bereits Erfahrungen mit computergestütztem Lernen sammeln konnte, wie geübt er im Umgang mit dem Internet bzw. dem Computer ist und wie oft und zu welchem Zweck er das Internet hauptsächlich nutzt. Danach sollten Fragen beantwortet werden, die sich direkt auf den Umgang und die Bedienung der „Mundi Academy"- Lernplattform bezogen. Der Teilnehmer sollte sich zum

Anmeldeprozess und zu damit verbundenen Problemen äußern. Außerdem sollten die Startseite und das generelle Design der Lernumgebung bewertet werden. Die Bedienbarkeit, die Navigation und die Logik des Systems sollten vom Teilnehmer ausführlich getestet und beurteilt werden. Abschließend konnten die Teilnehmer auf dem Fragebogen Erwartungen an eine solche Lernplattform, Anregungen und Verbesserungsvorschläge äußern.

Der komplette Fragebogen ist im Anhang C zu finden.

12.2 Ergebnisse

Die Benutzer haben ihre Testzeit mit der Lernplattform „Mundi Academy" optimal genutzt, sich mit dem System und den Angeboten auseinandergesetzt und sich parallel Notizen zu Schwierigkeiten oder Verbesserungsmöglichkeiten gemacht. Das allgemeine Feedback während des Benutzertests und danach war sehr positiv. Alle Teilnehmer konnten sich im System zurechtfinden, die Lernangebote nutzen und die ihnen gestellten Aufgaben bearbeiten. Nachfolgend sind alle Fragen aufgelistet und die jeweiligen Antworten ausgewertet:

1. **Sind Sie im Außendienst oder im Innendienst tätig?** 7 Innendienstmitarbeiter und 10 Außendienstmitarbeiter haben einen Fragebogen bearbeitet.[26]

2. **Kennen Sie den Begriff des E-Learning?** Alle Teilnehmer kennen den Begriff E-Learning bereits.

3. **Haben Sie bereits Erfahrungen mit E-Learning gemacht?** 5 Mitarbeiter haben noch keinerlei Erfahrungen mit E-Learning gemacht. 12 Mitarbeiter hingegen haben bereits einige Kenntnisse in dem Bereich erworben. Davon sind 7 im Außendienst tätig, der Rest im Innendienst. Die gesammelten Erfahrungen wurden durch frühere WBTs bei Mundipharma, im Studium, in Trainings von Softwareprodukten und in Englisch-Lernprogrammen gemacht.

---

[26] Obwohl 20 Mitarbeiter teilgenommen haben, wurden nur 17 Fragebögen ausgefüllt, da einige zusammengearbeitet oder Ergebnisse per Telefon mitgeteilt haben.

4. **Wie geübt sind Sie im Umgang mit dem Internet bzw. dem Computer?** Die meisten Teilnehmer schätzen ihre Fähigkeiten im Umgang mit dem Internet und dem Computer zwischen mittelmäßig und sehr gut ein. Allerdings haben an dem Benutzertest auch eher Mitarbeiter teilgenommen, die an der Thematik E-Learning interessiert sind und eine gewisse Affinität zum Internet und zum Medium Computer haben. Obwohl 20 Mitarbeiter teilgenommen haben, wurden nur 17 Fragebögen ausgefüllt, da einige zusammengearbeitet oder Ergebnisse per Telefon mitgeteilt haben.

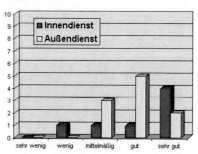

Abbildung 15: Umgang mit dem Internet bzw. mit dem Computer

5. **Zu welchem Zweck nutzen Sie das Internet hauptsächlich?** 16 Teilnehmer nutzen das Internet privat und geschäftlich. Nur ein Mitarbeiter des Außendienstes hat angegeben, das Internet lediglich privat zu nutzen.

6. **Wie oft nutzen Sie das Internet?** Fast alle Teilnehmer nutzen das Internet einmal täglich oder zumindest mehrfach in der Woche.

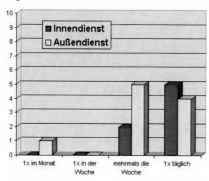

Abbildung 16: Nutzungsgewohnheiten des Internets

7. **Können Sie sich in das System einloggen?** Alle Mitarbeiter sowohl aus dem Innendienst als auch aus dem Außendienst konnten sich problemlos im System anmelden.

8. **Finden Sie sich auf der Startseite der Lernplattform zurecht? Wissen Sie, was zu tun ist?** Alle Mitarbeiter aus Innen- und Außendienst haben sich gut auf der Startseite der „Mundi Academy"-Lernplattform zurechtgefunden.

9. **Wie würden Sie die allgemeine Bedienbarkeit des Systems beurteilen - ist sie logisch und nachvollziehbar?** Die meisten Teilnehmer beurteilten die Bedienbarkeit und die Navigation der Lernplattform als gut. Zusätzlich machten die teilnehmenden Mitarbeiter einige Anmerkungen und Verbesserungsvorschläge zum System:
   - Die Navigation am Ende der Tests ist verbesserungsbedürftig.
   - Der „SCORM-Kurs beenden"-Button ist kaum sichtbar.
   - Bei den Lektionen sieht man schwer, welche Frage schon beantwortet ist.
   - Eine Navigationshilfe ist wünschenswert.
   - Das System ist manchmal zu langsam.
   - Weniger Scrollen in den Tests ist erwünscht.
   - Das „Admin/Meine Kurse"-Menü sollte schon auf der Startseite sichtbar sein.

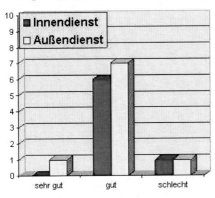

Abbildung 17: Bedienbarkeit der Lernplattform

10. **Wie gefällt Ihnen das Aussehen der Lernumgebung?** Der Mehrheit der Teilnehmer gefällt das Aussehen der „Mundi Academy"- Lernplattform gut.

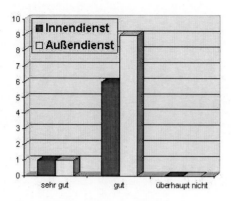

Abbildung 18: Design der Lernplattform

11. Wäre eine detaillierte Anleitung für den Umgang mit der Lernplattform sinnvoll? 5 Mitarbeiter des Innendienstes wünschen sich eine detaillierte Anleitung, 2 können darauf verzichten. Die Verteilung des Wunsches von einer Anleitung in schriftlicher Form und einem Präsenzseminar ist gleich. 4 Mitarbeiter des Außendienstes stimmen für eine detaillierte Anleitung, 6 Mitarbeiter halten dies nicht für nötig. Davon würden 3 ein Handout als ausreichend erachten. Ein Mitarbeiter wünscht sich sowohl eine schriftliche Anleitung als auch ein Präsenzseminar.

12. Welche Lerninhalte erwarten Sie? Welche Inhalte möchten Sie gerne über diese Lernplattform erlernen? Die Teilnehmer erwarten neue Lerninhalte zu Präparaten, sämtliche Informationen zu eigenen und Konkurrenzprodukten, aktuelle Informationen zur Gesundheitspolitik, wichtige Aspekte der Schmerztherapie, eine Auffrischung der Inhalte aus Präsenzseminaren und eventuell EDV-Inhalte.

13. Mit welchen Erwartungen zum Thema E-Learning sind Sie zu dem heutigen Testdurchlauf gekommen? Die Mitarbeiter sind mit ganz verschiedenen Erwartungen in den E-Learning-Benutzertest gekommen. Sie wollten das System kennen lernen und einen ersten Eindruck gewinnen. Sehen, was möglich ist und Ausprobieren, was geht. Einige wollten die Umsetzung der Thematik dieser Arbeit von der Theorie in die Praxis begutachten. Manche Mitarbeiter versprachen sich, bereits relevantes Wissen zu dem neuen Produkt zu bekommen, andere kamen aus Neugier oder um die verschiedenen Möglichkeiten von E-Learning - interaktive Module, Multiple-Choice-Tests, Filme etc. - kennen zu lernen. Sind diese Erwartungen erfüllt worden? Größtenteils wurden die Erwartungen erfüllt. Ein höherer Multimedia-Einsatz ist durchaus erwünscht.

14. Findet diese Art des Lernens Ihrer Meinung nach allgemeine Akzeptanz? 6 Mitarbeiter des Innendienstes sind von einer Akzeptanz überzeugt, ein Mitarbeiter glaubt nicht daran. 8 Mitarbeiter des Außendienstes meinen, dass diese Art des Lernens allgemeine Akzeptanz findet. Ein Mitarbeiter glaubt dies nicht, ein weiterer ist sich nicht sicher. (Anmerkung: Bei einigen AD-Mitarbeitern könnte es Schwierigkeiten mit der Akzeptanz aufgrund mangelnden technischen Verständnisses geben.)

15. Haben Sie Anregungen oder Verbesserungsvorschläge? Die Ergebnisse sollten anonym ausgewertet werden. Die Tests und Lerninhalte sollten verpflichtend sein. Die Beschriftung der Button könnte verständlicher formuliert sein. Eine persönliche Begrüßung auf der Startseite ist erwünscht. Bearbeitete Fragen sollten farblich markiert werden. Die Geschwindigkeit des Systems könnte optimiert werden. Die Noten- und Bewertungsskala muss genauer erklärt werden. Eine direkte Meldung von richtig oder falsch fördert den Lerneffekt.

Fazit. Zusammenfassend gilt zu sagen, dass der Benutzertest sehr erfolgreich war. Alle Teilnehmer haben sich im System zurechtgefunden und waren zufrieden mit den Lernangeboten. Der Inhalt sollte einen Überblick über die Vielzahl der Möglichkeiten einer Lernplattform bieten. Gemeinsam wurden Schwächen des Systems bzw. der Lernangebote aufgedeckt. Diese können behoben und somit die Bedienung der „Mundi Academy"-Lernplattform für die Außendienstmitarbeiter erleichtert werden. Allen Teilnehmern hat das - mit dem Autorenwerkzeug EasyProf erstellte - Lernmodul am besten gefallen. Sie wünschen, künftige Lernangebote nach diesem Vorbild zu gestalten und möglichst noch mehr interaktive Elemente einzubauen.

13 Zusammenfassung

In der vorliegenden Arbeit wird der Begriff E-Learning als zukunftsträchtige Fortbildungsmethode theoretisch beleuchtet: Der Einsatz von E-Learning erfordert eine umfangreiche Strategie, die alle Planungsprozesse und Projektabläufe beinhaltet. Als praktische Umsetzung dieser Betrachtungen wurde ein E-Learning System prototypisch in dem mittelständischen Unternehmen Mundipharma installiert. Hierfür wurden zwei kommerzielle und zwei kostenfreie Learning Management Systeme auf der Basis bestimmter allgemeiner Kriterien und spezieller Anforderungen des Unternehmens ausführlich untersucht und bewertet. Nach Abwägung aller Vor- und Nachteile, einer Analyse von Problem, Bedarf sowie Zielgruppe, Inhalt und Ressourcen wurde das geeignete lizenzfreie Learning Management System moodle gewählt und bei Mundipharma implementiert. Um darüber hinaus angemessene und professionelle Inhalte für die Lernplattform moodle zu erstellen, ist der Einsatz eines Autorenwerkzeugs sinnvoll. Ein solches System wurde nach besonderen Anforderungen ausgewählt und zur Inhaltsgestaltung eines Beispielkurses verwendet. Dieser Kurs wurde unter der Beachtung didaktischer Grundsatzmerkmale für die Gestaltung von Lernmedien und zur Erprobung des Leistungsspektrums in einem Benutzertest mit dem Autorenwerkzeug EasyProf konzipiert. Die Arbeit schließt mit der Analyse der Ergebnisse dieses durchgeführten Benutzertests ab. Das installierte System wurde sehr positiv von allen Teilnehmern des Tests bewertet und legt damit die entscheidende Grundlage für die zukünftige erfolgreiche Weiterbildung der Innen- und Außendienstmitarbeiter des Unternehmens über ein Learning Management System. Mit der Realisation des Projekts dieser Arbeit ist eine Sensibilisierung für E-Learning im Unternehmen geschaffen worden - sowohl bei den Verantwortlichen als auch bei der künftigen Zielgruppe einer solchen Online- Fortbildung. Um zu gewährleisten, dass alle Mitarbeiter mit dem System umgehen können und dieselben Voraussetzungen für den Lernprozess bestehen, wird es im November auf einer Außendiensttagung eine Präsentation dieser Plattform geben. Danach ist der erste Lerndurchgang mit allen Außendienstmitarbeitern geplant. Bis dahin werden die Mitarbeiter in zahlreichen Präsenzveranstaltungen für geschult und können ihr Wissen anschließend über die Lernplattform testen und möglicherweise erhöhen. Im Laufe des Jahres werden Kurse zu anderen Produkten und Themengebieten stattfinden. Es ist sicherlich erstrebenswert, die Lernplattform zu einem Basiswerkzeug in der Weiterbildung auszubauen. Der Erfolg dieses Vorhabens hängt vom Engagement der Trainings - und Schulungsabteilung und von der Motivation der Außendienstmitarbeiter ab. Abschließend gilt zu sagen, dass computer- bzw. webgestütztes Lernen über eine Lernplattform wie moodle das Lernverhalten von Erwachsenen und Schülern durchaus anregen und positiv beeinflussen kann. Allerdings ist hierbei unbedingt zu beachten, dass E-Learning - nach Beurteilung der Zielgruppe und des zu vermittelnden Inhalts - lediglich eine zusätzliche Maßnahme zu Präsenzveranstaltungen sein sollte und dass der Lernende im Lernprozess ausreichend unterstützt und begleitet werden muss.

Literaturverzeichnis

[Bachmann et al., 2002] G. Bachmann, O. Haefeli, M. Kindt: Campus 2002: Die virtuelle Hochschule in der Konsolidierungsphase.Waxmann M¨unster, 2002.

[Back et al.,2001] A. Back, O. Bendel, D. Stoller-Schai: E-Learning im Unternehmen. Grundlagen - Strategien - Methoden - Technologien. Orell Füssli, 2001.

[Baumgartner et al., 2002] P. Baumgartner, H. Häfele, K. Maier-Häfele: ELearning Praxishandbuch. Auswahl von Lernplattformen. Marktübersicht - Funktionen - Fachbegriffe. Studienverlag, 2002.

[bildung.at, 2005] Virtual-Learning: eine Initiative von bildung.at, dem ELearning- Portal des Bundesministeriums für Bildung, Wirtschaft und Kultur. 2006 (http://www.virtual learning.info)

[digital spirit, 2003] Digital Spirit GmbH: Add new knowledge. 2003 (http://www.add-new-knowledge.de)

[EasyProf, 2006] Daten + Dokumentation GmbH : EasyProf – Powerful Multimedia Course Authoring. 2006 (http://www.easyprof.de/)

[Ebert, 2006] Prof. Ebert: Skript zur Vorlesung: Softwaretechnik I. Universität Koblenz-Landau, 2006.

[ELAN, 2006] elearning Academic Network Niedersachsen. 2006 (http://portal.l3s.uni-hannover.de)

[Häfele et al., 2002] H. Häfele, K. Maier-Häfele: Learning-, Content- und Learning-Content-Management-Systeme: Gemeinsamkeiten und Unterschiede. Wissensplanet, 2002.

[Häfele at el., 2005] H. Häfele, K. Maier-Häfele: Autorenwerkzeuge für Learning Content. Arge Virtual-Learning, 2005.
(http://virtuallearning.qualifizierung.com/publikationen/Learning-Content-Autorenwerkzeuge.pdf)

[Hartley et al., 1973] J. Hartley & D. Sleeman: Towards more intelligent teaching systems. International Journal of Man-Machine Studies 2. 1973.

[Hohenstein et al., 2004] A. Hohenstein, Dr. K. Wilbers et al.: Handbuch E-Learning. DWD-Verlag, 2004.

[Ilias, 2006] Ilias open source. 2006 (http://www.ilias.de)

[IMC, 2006] imc information multimedia communication AG. 2006 (http://www.im-c.de)

[IMS QTI, 2002] IMS Global Learning Consortium: IMS Question & Test Interoperability QTILite Specification. Final Specification Version 1.2. 2002 (http://www.imsglobal.org/question/qtiv1p2/imsqti litev1p2.html)

[Kerres, 2001] M. Kerres: Multimediale und telemediale Lernumgebungen. Konzeption und Entwicklung. Oldenbourg Wissenschaftsverlag, 2.Auflage 2001.

[Kuckartz, 1998] T. Kuckartz: Pharmazeutische Unternehmen online? Möglichkeiten und Grenzen des Internets im Markenmix. Glaxo Wellcome GmbH&Co, 1998.

[Michel, 2004] Dr. L.P. Michel: Status Quo und Zukunftsperspektiven von E-Learning in Deutschland. MMB-Institut, 2004.

[Mitter, 2005] M.Mitter: Implementierung eines SCORM-basierten Zugangs zu webbasierendem Unterricht. Magisterarbeit, TU Graz, 2005 (http://www.iicm.edu/thesis/mmitter.pdf)

[moodle, 2006] Moodle. 2006 (http://www.moodle.org)

[moodle.de, 2006] Moodle Deutschland. DIALOGE Beratungsgesellschaft, 2006 (http://www.moodle.de)

[Mundipharma, 2006] Mundipharma GmbH Deutschland. 2006 (http://www.mundipharma.de)

[Niegemann, 2004] H.M. Niegemann et al.: Kompendium E-Learning. Springer-Verlag Berlin, 2004.

[Niegemann, 2006] H. Niegemann: Content-Aufbereitung. Lehrmaterial der Online-Qualifizierung TBDL 5 des Virtuellen Campus Rheinland-Pfalz. 2.Auflage, 2006.

[OLicense, 2006] Optimum Datamanagement Solutions: OLicence Suite, 2006. (http://www.olicense.com/license-models.html#named-user)

[QTI, 2005] T. Hecker: Überblick über Question & Test Interoperability (QTI) V2. Seminararbeit, TU Darmstadt, 2005.
(http://www.kom.tudarmstadt.de/fileadmin/Externer Bereich/Teaching/Seminars/ CommunicationSystemsMM/SS05/Seminararbeit Hecker - QTI2.pdf)

[QTI Importer, 2006] E. Atkinson: IMS-QTI-Importer 1.2.2. moodle, 2006 (http://www.moodle.org)

[Readiness Check, 2006] Digital Spirit GmbH: The E-Learning Readyness Check. 2006 (http://www.add-new-knowledge.de)

[Rosenberg, 2001] M.J. Rosenberg: E-Learning. Strategies for Delivering Knowledge in the Digital Age. McGraw-Hill, 2001.

[ToolBook, 2006] SumTotal Systems, Inc.: ToolBook - Authoring make easy. 2006 (http://www.toolbook.com)

[Wache, 2003] M. Wache: E-Learning - Bildung im digitalen Zeitalter. bpb, 2003 (www.bpb.de/files/FWQFK9.pdf)

[WebCT, 2006] WebCT, Inc.: WebCT - A Blackboard Company. 2006 (http://www.webct.com)

[Wikipedia, 2006] Wikimedia Foundation Inc.: Wikipedia - Die freie Enzyklopädie. 2006 (http://www.wikipedia.de)

Abbildungsverzeichnis

1 Das Kooperationsnetzwerk der Standardisierungsgremien [Bachmann et al., 2002] 9
2 QTILite XML-Schemabaum [IMS QTI, 2002] 11
3 ADDIE-Modell (nach [Niegemann, 2004]) 28
4 PADDIQ-Modell (nach [Niegemann, 2004]) 29
5 Anforderungen an eine E-Learning-Strategie [Back et al.,2001] 45
6 Funktionsbereiche von Learning Management Systemen (nach [Häfele et al., 2002]) ... 48
7 Die 16 besten Learning Management Systeme [bildung.at, 2005] 51
8 Das Learning Management System CLIX [IMC, 2006] 53
9 Das Learning Management System WebCT [WebCT, 2006] 59
10 Das Learning Management System moodle [moodle, 2006] 63
11 Das Learning Management System ILIAS [ELAN, 2006] 65
12 LMS und Autorenwerkzeuge (nach [Häfele et al., 2002]) 70
13 Autorenwerkzeug: EasyProf 74
14 Weltkarte von moodle [moodle, 2006] 88
15 Umgang mit dem Internet bzw. mit dem Computer 92
16 Nutzungsgewohnheiten des Internets 92
17 Bedienbarkeit der Lernplattform 93
18 Design der Lernplattform 94

Tabellenverzeichnis

1 Funktionsvergleich der untersuchten LMS 68

Anhang

A Abkürzungen

ADDIE	Analyse, Design, Development, Implementation, Evaluation
ADL	Advanced Distributed Learning Initiative
AICC	Aviation Industry Computer Based Training Commitee
ANSI	American National Standards Institute
ARIADNE	Alliance of Remote Instructional Authoring and Distribution Networks for Europe
CBT	Computer Based Training
CMI	Computer Managed Instruction Systems
DSL	Digital Subscriber Line
EML	Educational Modelling Language
GBS	Goal-Based Scenario
ID	Instruktionsdesign
IEEE	Institute of Electrical and Electronics Engineers
IEEE LTSC	Learning Technology Standards Commitee der IEEE
IMS	Instructional Management Systems Project
ISD	Instructional Systems Design
ITS	Intelligent Tutorial Systems
LMS	Learning Management System
LOM	Learning Object Data
PADDIQ	Projektmanagement, Analyse, Design, Development, Implementation, Qualitätssicherung
QTI	Question & Test Interoperability
SCORM	Shareable Content Object Reference Model
UML	Unified Modeling Language
WBT	Web Bases Training
XML	Extensible Markup Language

B Readiness Check

The E-Learning Readyness Check
Testen Sie Ihre E-Learning-Strategie!

E-Learning bietet große Möglichkeiten und große Herausforderungen.
Wie bereit ist Ihr Unternehmen?

Hier finden Sie 20 Schlüsselfragen, die Ihre E-Learning-Bemühungen unter die Lupe nehmen und die Dauerhaftigkeit Ihrer Strategie testen. Der Fragebogen bietet kein starres Schema, kein festgeschriebenes Richtig oder Falsch.

Er will vielmehr helfen herauszufinden, an welchen Stellen man gute Arbeit leistet und wo die Anstrengungen noch intensiviert werden müßten.

Die Fragen sind in **sieben inhaltliche Gruppen** aufgeteilt:

a) Die Bereitschaft Ihrer Firma
b) Die Veränderungen im Lernen und E-Learning
c) Der Wert des Instruktions- und Informations-Designs
d) Das Change Management
e) Die Neudefinition des Weiterbildungsbereichs
f) Die E-Learning-Industrie
g) Ihr persönliches Engagement

Die einzelnen Fragen repräsentieren einige der wichtigsten strategischen Punkte, mit denen Organisationen sich beschäftigen müssen, wenn sie E-Learning einführen.

Sicher gibt es weitere Punkte, die Aufmerksamkeit verlangen. Fügen Sie Ihre organisationsspezifischen Fragen mit ein!

---

digital spirit würde sich über Ihr Feedback zum Fragebogen freuen.

Auch wenn Sie Fragen zur Nutzung und Auswertung des Fragebogens oder zur Entwicklung Ihrer E-Learning-Strategie haben, sind wir Ihr Ansprechpartner:

Thomas Wölker, digital spirit Berlin
Telefon: 030-84191415
e-Mail: thomas.woelker@digital-spirit.de

The E-Learning Readyness Check
Testen Sie Ihre E-Learning-Strategie!

Hinweise zum Ausfüllen des Fragebogens:

Beantworten Sie jede Frage durch Ankreuzen eines Antwortwertes (0 bis 5).
Zu jeder Frage werden 3 verschiedene Antworttendenzen formuliert, um Ihnen die Entscheidung leichter zu machen.

In den meisten Fragen geht es um „Ihre Organisation", also z.B. um die Abteilung, die E-Learning einführen will. Sie können aber auch andere Abteilungen beschreiben oder das Unternehmen als Ganzes sehen.

Am Ende des Fragebogens werden Sie Informationen zu den Interpretations-Möglichkeiten finden.

Punkte-Skala:
0 = keine Aktivitäten auf diesem Gebiet
1 = einige Aktivitäten, aber Verbesserungsmöglichkeiten
2 = Initiativen gestartet, aber wenig Erfolg
3 = Initiativen laufen mit demnächst erwartetem nachhaltigen Erfolg
4 = erste Erfolge bereits erreicht; jetzt Festigung des Erfolgskurses nötig
5 = nachhaltige Erfolge wurden erzielt

A) DIE BEREITSCHAFT IHRER FIRMA

1. **Wie stark nutzt Ihre Firma Technologie (Internet/Intranet) für die Geschäftsabläufe?**

   1 ○
   2 ○ (wenig, die Kerngeschäfte laufen nicht webbasiert)

   3 ◄ (einige Kernfunktionen webbasiert,
   4 ○ Großteil interner Arbeit/Kommunikation offline)

   5 ○ (meisten Geschäftsfunktionen webfähig,
   6 ○ interne Arbeit/Kommunikation online)

2. **Wie weit sind Ihre Angestellten auf die neuen Technologien vorbereitet? (Fähigkeiten, Wissen, Motivation)**

   1 ○ (die meisten haben kaum PC-Kenntnisse,
   2 ○ es ist viel zu tun)

   3 ○ (immer mehr Kenntnisse,
   4 ◄ aber einige noch nicht vorbereitet)

   5 ○ (gut vorbereitete Angestellte,
   6 ○ fortschrittlich)

B) DIE VERÄNDERUNGEN IM LERNEN UND E-LEARNING

3. **Wie definiert Ihre Organisation „E-Learning"?**

   1 ○ (als traditionelles CBT,
   2 ○ neue Ideen sind schwer zu verkaufen)

   3 ◄ (ganz neu für uns, wollen es breit definieren,
   4 ○ arbeiten daran)

   5 ○ (weite Sicht inklusive Knowledge Management,
   6 ○ Distance Learning)

TESTEN SIE IHRE E-LEARNING-STRATEGIE   www.add-new-knowledge.de

4. Wie geht Ihre Organisation mit bisherigen schlechten Erfahrungen um?

- 1 ○ (schlechte Erfahrungen erzeugten Ablehnung,
- 2 ○ viel Überzeugungsarbeit nötig)
- 3 ○ (kaum schlechte Erfahrungen,
- 4 ○ neutrale Einstellungen zum Thema)
- 5 ⬅ (das Ganze wird als längerer Prozess gesehen,
- 6 ○ schlechte Erfahrungen als gute Lehre)

5. Welchen Zugang haben die Mitarbeiter zum Netz? (jeder/immer/überall)?

- 1 ○ (Zugang ist ein Problem,
- 2 ○ IT-Infrastruktur wird noch aufgebaut)
- 3 ○ (Zugang zum E-Learning und
- 4 ○ Kerngeschäftsprozessen für alle in Arbeit)
- 5 ⬅ (bereits universeller Zugang für Büros,
- 6 ○ Heimarbeiter und Außendienst)

6. Unterscheiden Sie zwischen Bildungsbedarf (Training) und Informationsbedarf (Knowledge Management) und wählen das jeweils Richtige?

- 1 ○ (unsere Aufgabe ist nur Weiterbildung,
- 2 ○ Information ist nicht unser Feld)
- 3 ○ (beginnen gerade, Informationsvermittlung
- 4 ○ als Lernform zu definieren)
- 5 ○ (wählen situationsangepasst Instruktions- oder
- 6 ⬅ Informationsprogramme)

C) DER WERT DES INSTRUKTIONS- UND INFORMATIONS-DESIGNS

7. Über welche Kenntnisse verfügt Ihre Organisation im Bereich Instruktions- und Informations-Design?

- 1 ○ (wenig, einige Mitarbeiter mit Grundkenntnissen,
- 2 ○ nicht ausreichend)
- 3 ○ (in Entwicklung, per Weiterbildungen und
- 4 ○ Neueinstellung von Fachleuten)
- 5 ⬅ (starke Kompetenz aufgebaut,
- 6 ○ echtes Expertenwissen vorhanden)

8. Ist Ihre Organisation bereit, vom überwiegenden Classroom-Training zu einem stärkeren E-Learning-Anteil zu wechseln?

- 1 ○ (wir kämpfen damit, Leute sind auf
- 2 ○ Classroom fokussiert)
- 3 ○ (haben Kombinationsmöglichkeiten demonstriert,
- 4 ⬅ noch Überzeugungsarbeit nötig)
- 5 ○ (ausgewogene Mischung zwischen
- 6 ○ beidem aufgebaut und eingeführt)

TESTEN SIE IHRE E-LEARNING-STRATEGIE www.add-new-knowledge.de

D) DIE ROLLE DES CHANGE MANAGEMENT

9. Unterstützt das Senior Management die E-Learning-Einführung?

1 ○ (kaum Unterstützung,
2 ○ scheinen nicht interessiert)

3 ○ (sind im Gespräch, langanhaltende Unterstützung
4 ○ noch nicht gewährleistet)

5 ◄ (arbeiten täglich zusammen,
6 ○ wachsende Mitwirkung vom Management)

10. Hat Ihre Organisation einen Change-Management-Plan für die E-Learning-Einführung?

1 ○ (haben keinen,
2 ◄ gehen eher unsystematisch vor)

3 ○ (entwickeln gerade einen, sind nicht
4 ○ sicher über seine Wirksamkeit)

5 ○ (Change Management ist untrennbarer
6 ○ Bestandteil unserer Strategie)

11. Kann Ihre Organisation die Geschäftsvorteile von E-Learning demonstrieren?

1 ○ (kaum, Überbewertung von Technik/
2 ○ Multimedia-Elementen/Kundenzufriedenheit)

3 ○ (einige Fortschritte bei Kosten, Qualität, Service und
4 ○ Schnelligkeit der Angebote)

5 ◄ (erfolgreich die Vorteile demonstriert,
6 ○ kontinuierliche Steigerung)

E) DIE NEUDEFINITION DES WEITERBILDUNGSBEREICHS

12. Hat Ihre Organisation einen Plan, um die Weiterbildungsabteilung bei der Neuorientierung zu unterstützen?

1 ○ (haben keinen,
2 ○ obwohl wir um die Notwendigkeit wissen)

3 ○ (E-Learning eingeführt,
4 ◄ aber noch keine Entwicklungshilfen für Mitarbeiter)

5 ○ (gleichzeitig E-Learning und Change-Management-Strategien
6 ○ für die Mitarbeiter eingeführt)

13. Ist Ihr Bildungsbudget von der Zahl der Teilnehmer im Classroom Training abhängig?

1 ○ (sehr, Budget wird aus traditionellen
2 ○ Unterrichtskosten abgeleitet)

3 ◄ (wir wollen davon unabhängig werden,
4 ○ haben aber noch nicht viel getan)

5 ○ (nein, beziehen alle Interessengruppen in Entscheidungen
6 ○ der Finanzierung ein)

TESTEN SIE IHRE E-LEARNING-STRATEGIE   www.add-new-knowledge.de

14. Wie ist die Einstellung in Ihrer Organisation gegenüber dem Lernen an neuen Orten, speziell am Arbeitsplatz?

   1 ○
   2 ○ (großer Widerstand, viele halten Arbeit für wichtiger, sehen keine Beziehung)

   3 ◄
   4 ○ (Verständnis für Beziehung zwischen Arbeit und Lernen; Problem: Ungestörtheit)

   5 ○
   6 ○ (große Akzeptanz, Angestellte und Manager entwickeln optimales Umfeld)

15. Ist Ihre Organisation bereit, E-Learning auch auf Kosten traditioneller Felder der Weiterbildungsabteilung weiter zu entwickeln?

   1 ○
   2 ○ (wenn zu viel Classroom-Training eingeht, fahren wir E-Learning zurück)

   3 ○
   4 ◄ (E-Learning nur dort, wo es nicht mit bisherigem Classroom-Training kollidiert)

   5 ○
   6 ○ (Classroom-Business wurde reduziert, Betroffene rechtzeitig umorientiert)

16. Wie ist Ihre Organisation darauf vorbereitet, langfristig in E-Learning zu investieren, um es fest zu etablieren?

   1 ○
   2 ○ (schlecht, unser Budget ist jahresbezogen, wir verlieren, was wir nicht ausgeben)

   3 ○
   4 ○ (haben langfristigen Plan entwickelt, müssen Management noch überzeugen)

   5 ◄
   6 ○ (langfristige E-Learning-Finanzierung möglich mit Management-Unterstützung)

F) DIE E-LEARNING-INDUSTRIE

17. Wie stark beschäftigt sich Ihre Organisation mit dem großen und immer komplexer werdenden E-Learning-Marktplatz?

   1 ○
   2 ○ (sind hauptsächlich intern orientiert, kennen diesen Bereich kaum)

   3 ○
   4 ○ (erhalten Produkte hauptsächlich von alten Kunden, brauchen neues Marktwissen)

   5 ◄
   6 ○ (investieren immer mehr Zeit und Geld, um auf neuestem Stand zu sein)

18. Kann Ihre Organisation gut zwischen qualitativ hochwertigen und schlechten E-Learning-Produkten unterscheiden?

   1 ○
   2 ○ (Einkauf erfolgt willkürlich und unkoordiniert, keine Qualitätskriterien)

   3 ○
   4 ○ (sehen Notwendigkeit einer besseren Einkaufs-Strategie, arbeiten daran)

   5 ○
   6 ◄ (festgelegtes Verfahren für Neuerwerbungen; Kosten gespart, keine Doppelkäufe)

19. Ist Ihre Organisation bereit, einige Funktionsbereiche auszugliedern und extern managen zu lassen, um ihre Ressourcen auf wichtigere Felder zu konzentrieren?

1 ○ (nicht vorbereitet,
2 ○ bestimmte Funktionen auszugliedern)

3 ○ (experimentieren mit Outsourcing in
4 ○ verschiedenen Bereichen)

5 ○ (Outsourcing ist ein Schlüsselfaktor unserer
6 ◉ Unternehmens-Strategie)

G) IHR PERSÖNLICHES ENGAGEMENT

20. Wie sind Sie persönlich auf E-Learning vorbereitet? Sind Sie bereit?

1 ○ (noch nicht sehr; bin noch unsicher,
2 ○ ob es der richtige Weg für uns ist)

3 ○ (halte es für den richtigen Weg;
4 ◉ mir fehlen noch Kenntnisse)

5 ○ (gut vorbereitet, umfassende Kenntnisse,
6 ○ bereit für Implementierung)

Auswertung: Wie haben Sie geantwortet? Sind Sie bereit?

Jeder Punkt des Fragebogens ist so wichtig wie der andere, so dass die Gesamtheit der Antworten weniger bedeutsam ist als die eigene Analyse jedes spezifischen Items.

Hier einige Anregungen für die Auswertung Ihrer Antworten:

- Jede Frage mit dem Antwortwert 0-1 kann einen „Show-Stopper" darstellen. Sie kann ein Indikator für Veränderungswiderstände sein und/oder fehlende Bereitschaft und Fähigkeiten der Mitarbeiter, der Infrastruktur oder der Organisation als Ganzes. An dieser Stelle sollten die Anstrengungen des Change Managements konzentriert werden, sonst werden die E-Learning-Bemühungen mit hoher Wahrscheinlichkeit nicht wirksam.

- Antwortwerte von 2-3 zeigen Fortschritte an, aber auch die Notwendigkeit weiterer Anstrengungen, um Unterbrechungen der jetzigen Entwicklung und unvorhersehbare Fallstricke zu vermeiden. Verbesserungen sind hier am ehesten möglich.

- Jede Antwort mit dem Wert 4-5 spiegelt erhebliche Fortschritte wieder. Hier liegen Ihre Erfolgsstories. Nutzen Sie sie, um andere Gebiete mit der gleichen Strategie anzugehen. Wenn sie z.B. starke Management-Unterstützung haben, aber auch das Gefühl einer zu starken Technikorientierung im Unternehmen, können Sie mit den zuständigen Managern Kommunikationsstrategien entwickeln, um den Angestellten die größeren Zusammenhänge zu vermitteln.

Die Ergebnisse dieses Fragebogens können ein Katalysator für wichtige Diskussionen über die Veränderungen sein, die für eine erfolgreiche Einführung und eine nachhaltige Verwurzelung von E-Learning in Ihrer Organisation nötig sind.

Nutzen Sie sie, um wichtige Punkte und Herausforderungen zu erkennen und innovative Lösungen zu entwickeln.

Letztendlich ist die Bereitschaft fürs E-Learning nicht nur für Ihre Organisation, sondern auch für Sie persönlich relevant. Ihre ganz persönliche Einstellung zum Thema kann ein Schlüsselfaktor für den Erfolg und die Dauerhaftigkeit Ihrer Strategie sein.

(angelehnt an Marc J.Rosenberg: „E-Learning - Strategies for Delivering Knowledge in the Digital Age", ISBN 0071362681)

C Fragebogen

Fragebogen
- E-Learning Testdurchlauf -

Bitte melden Sie sich mit den folgenden Daten auf der neuen Mundipharma Online-Lernplattform www.mundi-academy.de an:

Benutzername:
Kennwort:

Sind Sie im Außendienst oder im Innendienst tätig?

☐ Außendienst
☐ Innendienst

Vorab einige Fragen zu Ihren Erfahrungen mit Online-Lernen:

1. Kennen Sie den Begriff des E-Learning?

    ☐ Ja
    ☐ Nein

2. Haben Sie bereits Erfahrungen mit E-Learning (computergestütztem Lernen) gemacht?

    ☐ Ja
    ☐ Nein
    Wenn ja, welcher Art? _____
    _____
    _____

3. Wie geübt sind Sie im Umgang mit dem Internet bzw. dem Computer?

    ☐ sehr wenig
    ☐ wenig
    ☐ mittelmäßig
    ☐ gut
    ☐ sehr gut

4. Zu welchem Zweck nutzen Sie das Internet hauptsächlich?

    ☐ privat
    ☐ geschäftlich
    ☐ beides

5. Wie oft nutzen Sie das Internet?

   ☐ 1x im Monat
   ☐ 1x in der Woche
   ☐ Mehrmals die Woche
   ☐ 1x täglich

Los geht's!

6. Können Sie sich in das System einloggen?

   ☐ Ja
   ☐ Nein
   Wenn nein, welche Schwierigkeiten haben Sie? _____
   _____
   _____
   _____

7. Finden Sie sich auf der Startseite der Lernplattform zurecht? Wissen Sie, was zu tun ist?

   ☐ Ja
   ☐ Nein
   Wenn nein, welche Schwierigkeiten haben Sie? _____
   _____
   _____
   _____

8. Wie gefällt Ihnen das Aussehen der Lernumgebung?

   ☐ überhaupt nicht
   ☐ gut
   ☐ sehr gut

9. Wie würden Sie die allgemeine Bedienbarkeit des Systems beurteilen – ist sie logisch und nachvollziehbar?

   ☐ sehr gut
   ☐ gut
   ☐ schlecht
   Wenn schlecht, was bereitet Ihnen Probleme? _____
   _____
   _____
   _____
   _____
   _____

10. Wäre eine detaillierte Anleitung für den Umgang mit der Lernplattform sinnvoll?

　　☐　Nein
　　☐　Ja

　　Wenn ja, welcher Art?

　　　　☐　schriftliche Anleitung/Handout
　　　　☐　Präsenzveranstaltung/Schulung
　　　　☐　beides

11. Welche Lerninhalte erwarten Sie?
　　Welche Inhalte möchten Sie gerne über diese Lernplattform erlernen?

12. Mit welchen Erwartungen zum Thema E-Learning sind Sie zu dem heutigen Testdurchlauf gekommen?

　　Sind diese Erwartungen erfüllt worden?

13. Findet diese Art des Lernens Ihrer Meinung nach allgemeine Akzeptanz?

　　☐　Ja
　　☐　Nein

14. Haben Sie Anregungen oder Verbesserungsvorschläge?

Vielen Dank für Ihre Teilnahme!

Wissenschaftlicher Buchverlag bietet

kostenfreie

Publikation

von

wissenschaftlichen Arbeiten

Diplomarbeiten, Magisterarbeiten, Master und Bachelor Theses
sowie Dissertationen, Habilitationen und wissenschaftliche Monographien

Sie verfügen über eine wissenschaftliche Abschlußarbeit zu aktuellen oder zeitlosen Fragestellungen, die hohen inhaltlichen und formalen Ansprüchen genügt, und haben **Interesse an einer honorarvergüteten Publikation**?

Dann senden Sie bitte erste Informationen über Ihre Arbeit per Email an info@vdm-verlag.de. Unser Außenlektorat meldet sich umgehend bei Ihnen.

VDM Verlag Dr. Müller Aktiengesellschaft & Co. KG
Dudweiler Landstraße 125a
D - 66123 Saarbrücken

www.vdm-verlag.de

Printed by Books on Demand GmbH, Norderstedt / Germany